本書改版自《父母老了，我也老了：如何陪父母好好度過人生下半場》

父母老了，我也老了

悉心看顧、適度喘息，關懷爸媽的全方位照護指南

米利安・阿蘭森
Miriam K. Aronson
瑪賽拉・巴克・維納／合著
Marcella Bakur Weiner

吳書榆／譯

Aging Parents,
Aging Children
How to Stay Sane and Survive

自由學習 28

父母老了，我也老了

悉心看顧、適度喘息，關懷爸媽的全方位照護指南

（改版自《父母老了，我也老了：如何陪父母好好度過人生下半場》）

作　　者　米利安・阿蘭森（Miriam K. Aronson）、
　　　　　瑪賽拉・巴克・維納（Marcella Bakur Weiner）
譯　　者　吳書榆
封面設計　陳文德
選 書 人　文及元
責任編輯　林博華、文及元
行銷業務　劉順眾、顏宏紋、李君宜

總 編 輯　林博華
發 行 人　凃玉雲
出　　版　經濟新潮社
　　　　　104台北市民生東路二段141號5樓
　　　　　電話：(02) 2500-7696　傳真：(02) 2500-1955
　　　　　經濟新潮社部落格：http://ecocite.pixnet.net
發　　行　英屬蓋曼群島商家庭傳媒股份有限公司城邦分公司
　　　　　台北市中山區民生東路二段141號11樓
　　　　　客服服務專線：(02) 25007718；25007719
　　　　　24小時傳真專線：(02) 25001990；25001991
　　　　　服務時間：週一至週五上午09:30-12:00；下午13:30-17:00
　　　　　劃撥帳號：19863813；戶名：書虫股份有限公司
　　　　　讀者服務信箱：service@readingclub.com.tw
香港發行所　城邦（香港）出版集團有限公司
　　　　　香港灣仔駱克道193號東超商業中心1/F
　　　　　電話：(852) 2508 6231　傳真：(852) 2578 9337
馬新發行所　城邦（馬新）出版集團 Cite (M) Sdn Bhd.
　　　　　41-3, Jalan Radin Anum, Bandar Baru Sri Petaling,
　　　　　57000 Kuala Lumpur, Malaysia.
　　　　　電話：(603) 9056 3833　傳真：(603) 9057 6622
　　　　　讀者服務信箱：services@cite.my
印　　刷　漾格科技股份有限公司
初版一刷　2014年2月6日
二版一刷　2020年5月14日

城邦讀書花園
www.cite.com.tw

ISBN：978-986-986-8051

售價：380元
Printed in Taiwan

〈出版緣起〉

我們在商業性、全球化的世界中生活

經濟新潮社編輯部

跨入二十一世紀，放眼這個世界，不能不感到這是「全球化」及「商業力量無遠弗屆」的時代。隨著資訊科技的進步、網路的普及，我們可以輕鬆地和認識或不認識的朋友交流；同時，企業巨人在我們日常生活中所扮演的角色，也是日益重要，甚至不可或缺。

在這樣的背景下，我們可以說，無論是企業或個人，都面臨了巨大的挑戰與無限的機會。

本著「以人為本位，在商業性、全球化的世界中生活」為宗旨，我們成立了「經濟新潮社」，以探索未來的經營管理、經濟趨勢、投資理財為目標，使讀者能更快掌握時代的脈動，抓住最新的趨勢，並在全球化的世界裏，過更人性的生活。

之所以選擇**「經營管理—經濟趨勢—自由學習」**為主要目標，其實包含了我們的關注：「經營管理」是企業體（或非營利組織）的成長與永續之道；而「經濟趨勢」則是會影響這兩者的變數。綜合來看，可以涵蓋我們所關注的「個人生活」和「組織生活」這兩個面向。

這也可以說明我們命名為「經濟新潮」的緣由——因為經濟狀況變化萬千，最終還是群眾心理的反映，離不開「人」的因素；這也是我們「以人為本位」的初衷。

手機廣告裏有一句名言：「科技始終來自人性。」我們倒期待「商業始終來自人性」，並努力在往後的編輯與出版的過程中實踐。

目錄

父母老了，我也老了

第3章 家庭有多樣面貌：緊密或疏離——75

第4章 評估你的狀況——95

第5章 規劃：建立你的照護計畫——125

給我的孩子與孫子們；他們是不斷創造出豐盈與歡愉的源頭活水。

——米利安・阿蘭森

給我的丈夫威赫姆（Wilhelm）；他用他的光輝照耀了我的老去。

——瑪賽拉・巴克・維納

推薦序

蓋瑞．甘迺迪（Gary J. Kennedy）醫學博士，
愛因斯坦醫學院（Albert Einstein College of Medicine）
蒙特菲爾醫學中心（Montefiore Medical Center）老人精神病學主任

在《父母老了，我也老了》這本書中，作者阿蘭森與維納博士把重點放在高齡化的家庭。而且，她們讓所有的演員都粉墨登場，從討人喜歡的到很難纏的都有。她們的主題，是表面上獨立自主的老父母與老孩子之間互相依賴的跨世代矛盾。確實，獨立自主的意義，不斷地在改變，隨著年齡增長為了保有獨立自主而付出的代價，在每一個美國家庭裏都顯而易見。在現代，八、九十歲的人可能有六十幾歲的孩子、四十幾歲的孫輩和二十幾歲的曾孫輩。最後的結果是，從最年長家人身上的人生經驗，不管好壞，將會讓好幾代人起共鳴。我們個人對於年老的預期，以及大環境的社會與健康政策，都會因此受到重大衝擊。然而，一個社會裏有這麼多年邁父母是一種全新的現象，也因此，對

於身在其中擔任主角的我們來說，很重要的是要能得到一些指引，而不是不斷地見招拆招，看事辦事。這本書的貢獻，就在這裏。

這兩位作者知道，就算不是大部分，也有很多為人子女者付出了極大的真心和技能來照料需要看顧的長輩。就是這些天生善於照料他人的守護者，激發、教育了兩位作者。但是，就算是最有天分的照護者，一定都會面臨自身的技能、資源，和年邁父母的晚年需求、偏好不一致的問題。兩位作者透過實際發生的範例和鮮活的情境畫面，來說明這方面的衝突。在描繪一位女性被夾在父母不容妥協的要求與自身和孩子的經常性需求之間時，她們用了一個非常恰當的比喻，說她是「花生醬加果醬三明治」。她們的忠告是，不要再做搖擺不定的果醬，對父母不合理的壓力投降；要成為花生醬，堅守自己的需求。

但是，這並非一本主張為人子女自我放縱、棄父母於不顧的書。反之，本書多數的章節將帶給照護者裝有妙計的錦囊，提升他們的彈性，而不是一味地要求晚輩忍耐、忍耐、再忍耐。兩位作者討論把父母送進安養院之後子女必然會湧現的罪惡感，以及當執拗的父母不願透過放棄一小部分的自主權來保有大部分的獨立時，孩子心中的憤怒。作者用幽默和感受來談照護的滿意度與挑戰。

第一章的重點放在家庭、照護者與長輩的多元組成，強調健康與活力終會隨著年齡漸長而退化。本書也從分析普遍與獨有特色的觀點出發，來審視為什麼照護者多為女性、以及成人子女身為照護者有哪些不同的意義。**第二章**要探索的，是決定照護過程的個人信念、哲理以及個人特質。本書也討論了梅開二度、三度而構成的混合、甚至混亂的家庭關係，把這樣的組合當成新式的「發展任務家庭」（developmental task family）：當中的家庭功能必須隨著「仍有活力的壽命」（active life span）延長而不斷精進。兩位作者更檢視了照護者個人特質與環境的關係，發現若兩者能相契合，將可以減少衝突並強化家庭的聯繫。本章也探討晚年時承受的痛苦不幸，以及臨終安寧照護的管理，對於尚不知外界其實有大量的臨終、善終照護設施可協助病患與家庭的照護者來說，特別有用。在**第三章**裏，作者們特別關注新的常規與新的現實，藉此來討論家庭的動態以及家庭結構的變化。和諧與爭吵、敵對與合作以及照護經驗的成熟度，也會在本章中一併討論。

第四章建議為人子女的照護者往後退一步，衡量疾病的輕重緩急時分成急性、慢性（同時包括心理與生理），以此評估父母所處的情境。這套評估流程可辨識出需求並找到需求管道；而且，在本章中以及書裏其他章節中，也會以完全不用術語的方式來說明相關的支援系統。書中提到寡居將會是多數年長的婦女所要面對的現實，提醒我們必須要用長期的觀點來看待老年照護。**第五章**根據之前的評估流程為基礎繼續向下發展，以家人之間的開放對話為起點，凸顯出建構一套照護計畫的藍圖有多麼不容易。一場家庭會議的結果，是認同了差異，同時也把權威與責任交付下去。在這裏，作者們想要做的，是替可預測但大家都不想面對的問題預作準備，如果事先做好準備，一旦有事，就不需要驚慌失措。在這一章中，強調的是規劃父母交通行動的實務細節、孩子是否住在附近的問題，以及修正計畫的必要性。

第六章敘述財務對於年邁父母不斷減少的獨立自主會造成何種影響，以及有哪些機制可供運用，以避免無資源可用、無法支應長者需求的悲劇。可確保父母的資產用於父母本身福利的具體法律程序，另有其他專文討論，本書不贅述。反之，兩位作者想要提醒為人子女的照護者的是，當長輩根本沒有預料到、卻不得不仰賴他人時，就提供照護而言，資產管理將是極重要的議題。**第七章**是簡單的概覽，審視照顧患有阿茲海默症的親人時照護者的憂鬱情緒，以及相應的照護設置與安排範圍。同樣的，本書所提的方法是啟發性的，而非詳盡列表式的，希望能將照護者導向正確的方向，而非訂下最終的目的地。**第八章**帶領讀者走上「安置之路」；安置，是指長輩要轉到安養機構過生活。從一開始如何決定讓父母放棄住家，一直到成功訪視安養院的小訣竅，讀者會在其中找到寶貴的洞見和建議。本書也提醒了讀者，安置可以解決一些問題，但同時也會衍生另外一些問題。

第九章婉轉地討論了極少數極難相處、甚至根本無法接近的父母。本書的作者抱持尊重態度，認為老人家的尊嚴是最重要的。她們提醒，負責照護的子女付出最大的努力或許無法達到眾人樂見的結果，但對很多人來說，都是讓人欣慰的奉獻。**第十章**討論照護可能引起的各種不同情緒反應。情緒反應可能是自發性的，甚至是不由自主的，但不一定要引起反射性的後果。如果能更了解扮演照護角色會伴隨著難以應付的情緒乃是常態，就比較不容易出現持續性的壓力。兩位作者剖析為人子女的照護者照護失智父母時提早體會到的喪親之痛，便是其中一例。**第十一章**是為了提點照護者而寫的，讓負責照護的人能看透自我，也提供一些讓人能找回個人平衡的技巧。平衡之後的結果並不會讓人更吝於照護，卻更能提升照護品質。在本書結尾的**第十二章**，是從其他各章萃取出來的元素濃縮而成的精華觀點。

總而言之，這是一本針對面臨照護挑戰的一般人所寫的書。其實，大多數照護者若能運用好手邊的資源，都應該可以勝任愉快；若再加上讀了阿蘭森與維納博士的經驗談，還可以做得更好。

前言

在這個時代，全球的老年人口比人類歷史上任何一個時期都多。每一天，都有五千多人跨過六十五歲這個門檻。由於醫療保健與科技的進步，人類社會正出現老人潮，也帶來了經濟、社會、政治與個人方面的挑戰。

老化是正常的過程，無法預測，也會因人而異。老化帶來的改變，會因為疾病而更讓人感到困擾，並衍生出其他問題。老年人也個個不同，有人仍在社會上呼風喚雨，有人則要完全仰賴他人，他們的需求當然也都不同。對於需要人幫忙才能完成日常活動的老人家來說，家人就成為主要的協助來源了。

事實上，家庭照護者是長期照護系統的基石，預估有四千四百萬名美國人都在照料一位年邁或失能的親屬。如果換算成付費照護人員，這種非正式的照護一年成本幾乎達二千五百億美元，其經濟價值預估超過美國全國醫療照護費用的百分之二十。在預估人口會繼續「老化」之下，這筆龐大到讓人吃驚的長者照護費用將會大幅增加。

擔起照護責任的英雄是誰？就是你，已經成年的子女，你有自己的孩子要養，有事業與財務的壓力，現代社會的緊張是你的父母連想都想不到的。你一直都知道他們漸漸老了，但這事稍後再說，等到火燒眉毛了，你才有空去想。然而，燃眉之急比你想得更快到來，你隨後踏進的，是一大片處處是兩難與選擇的泥淖，少有角色典範可供效法，只有極少量讓人困惑的資訊。

本書是專為你而寫的。在書中，我們試著讓你知曉某些你可能會面對的挑戰，這些都是當你和受照護長輩在照護脈絡下互動時，常常會遇到的狀況。身為夾在長輩與子女急迫需求之間的三明治，你很容易失焦，無法把心思放在保有自己的神智清明和生存上。我們要提醒你，在費心費力照護他人與做自己之間，是可以達成平衡的。關鍵是要發展出一套計畫，以調和雙方的哲學、信念、偏好、個性、生活方式與需求。

本書大量收錄了我們從門診經驗中累積的案例片段，我們修改了一些細節，以保護當事人的身分。我們或許無法舉出和你的情境一模一樣的案例，但希望你會找到一些似曾相識的例子，而且我們要向你保證，你並不孤獨，也能找得到協助。在理想狀態下，當你越深入了解自我且找到更多實用的資訊時，你將能體會你確實有許多做法可以選擇。

事實上，照護經驗，連同其中的壓力與挫折，並非全然負面。一套健全的做法，將能協助你檢視長輩所處的情境及他們的需求，也能讓你更了解自己。我們鼓勵大家把照護過程當成正面的成長經驗，這或許能讓你更容易面對多年後自己的老去。

照護者在意外與限制之下，會發展或強化自身在時間管理、財務規劃、人際關係等方面的技能，還有，最重要的是，增進照顧自己的能力。他們發現，走過系統與服務建構而成的迷宮，化解宿怨並誠實面對自己的情緒，將可改善與父母、手足、配偶、伴侶、孩子以及其他親人的關係。

所以說，當你在翻閱本書時，請以開放的心胸來讀。你或許無法在任何一個案例中看到自己，但結合幾個案例，總是會有你的影子；反之，你或者會發現本書根本說中了你的處境。不論如何，我們的目的都希望你能從中得到洞見、信心、仁心與希望，為現在的你以及多年後你自己的老年提供指引。

免責聲明：為保護和我們分享經驗的當事人隱私，案主的姓名和案例細節都已加以修改。

第1章

三明治世代

年老就像是要飛過暴風雨的飛機一樣；一旦登機，你就什麼也做不了。

——前以色列總理果爾達・梅厄（Golda Meir）

長命百歲的時代來了。面對現實吧，我們都會越來越老。嬰兒潮世代是當今的熱門話題，但事實上，緊接著這波「浪潮」之後而來的，便是「高齡爆炸」（aging explosion；譯注：指高齡人口急遽增加）。電視廣告再也不用「長命百歲」一詞來吸引消費者。人口學家現在把超過一一〇歲甚至更高壽的人稱為「超級人瑞」（supercentenarian）。這些人活過了三個世紀，真是不可思議。

所謂的三明治世代

過去幾十年來有一股無法否認的趨勢，那就是隨著更多人就讀大學、研究所，再加上通常晚婚，子女輩仰賴家庭的時間遠比上一代來得長。然而，隨著高齡爆炸的現象出現，一般女性現在得要為父母提供更長期的照護，超過她養育子女的時間。家庭是撫幼與養老的基石，而這一代的中年人被貼上一個很貼切的標籤，叫「三明治世代」（sandwich generation）：他們夾在孩子與年老父母的需求之間，動彈不得。珊蒂便是其中一個範例。

珊蒂的故事：夾在三明治中間

珊蒂五十出頭，她是獨生女，也是一位專業人士，她有一個體貼的丈夫，已婚的女兒正等著第一個寶寶出世，兒子則剛剛大學畢業。珊蒂和現年八十歲的母親瑪麗亞一直很親密。瑪麗亞已經孀居十年，對於自己能夠獨立自主深感驕傲，堅持要繼續住在現在住的地方，不厭其煩地強調：「這裏是我家，永遠都是我家。」珊蒂和她的丈夫法蘭克很尊重瑪麗亞的自信，甚至是偶爾會出現的堅忍。而有一天，這串原本看來強韌且沒有終點的緊密人生珠串終於斷了線。家裏的電話沒人接，讓珊蒂備感恐慌，她衝回媽媽的公寓，卻發現瑪麗亞坐在浴室的地板上。瑪麗亞跌倒了，臀部骨折，而且沒有人知道事發多久了。珊蒂打電話叫救護車，從這一刻起，她的人生改觀了。

瑪麗亞接受髖部手術，自此之後，她整個人就糊塗了。幾天之後，「照本宣科」的院方出院規劃人員拿一連串的問題來轟炸珊蒂，比方說：「妳打算如何安置妳媽媽？」「她有哪些保險？」「有沒有地方可讓她復健？」「如果她要回家，誰要去照顧她？」珊蒂慌了，她無法集中精神，腦中一片空白。她聽到一個彷彿來自遠方的聲音，問她最後一個問題：「她的癡呆問題怎麼辦？」珊蒂感受到一股強烈的憤怒衝上來，她回答：「癡呆？你可能不知道，但我媽媽每天都讀《紐約時報》，而且還做上面的字謎遊戲。」

隨著她的生活忙到時間不夠用，珊蒂明白，她一定要找到一個解決方案。珊蒂和法蘭克把瑪麗亞的願望放在第一位，仔細地回想瑪麗亞一直以來跟他們說過的話：「如果我發生什麼事，我希望在自己家裏接受照護。有需要的話，給我一些協助。但，你們要知道，我不想成為負擔。」當珊蒂輕輕啜泣、法蘭克擁著她時，他們兩人都接受了現實狀況，並決定不管瑪麗亞偏好什麼，他們都會尊重。

顯而易見，要付出大量時間成為主要照護者的那個人，就是珊蒂。法蘭克會出手相助，孩子們也會幫忙，但基本上，最後的責任都在她身上。一定要有一個人來主掌大局：這個人必須成為規劃者、管理者以及整體面的協調者。想像一下，她在某個場景裏，而且只有她一人是主角，唯有出現緊急情況的時候才能用上「候補」。珊蒂也明白，為了讓自己神智清明，她必須替自己騰出一些時間，也要留點時間給法蘭克、給孩子們，還要考慮她的工作。為了把已經分成不知道多少片的自己完整拼回來，珊蒂決心成為永不倒下的不倒翁。

珊蒂忽然之間變身成她從來沒有想過的照護者角色，而在此同時，她在生活中還有許多強力後盾：她和母親的關係親密，她擁有穩健的婚姻，孩子們有能力時也會提供協助，而且她有財務資源可以運用。但不管如何，珊蒂的生活都從此改變了。

改變中的家庭結構

家庭的組合已經不再像過去那樣了。傳統的核心小家庭，比方說像珊蒂和法蘭克組成的家庭，在我們周遭仍處處可見，但出現很多變化型：單人家庭、混合家庭、單親家庭、同性家庭以及隔代教養家庭。在這每一種不同的家庭模式當中，長者照護責任的權重也不盡相同。舉例來說，未婚獨居者必須在極少、甚至全無家庭支援之下承擔起照護責任。而且，因為偏見再加上情緒波動，干擾到該做之事，會使得同性家庭關係更為緊繃。另外，在由離婚、喪偶及再婚等重重關係而構成的混合家庭中，通常父母輩與祖父母輩（每一個人會有四對甚至更多）的人數更多，照護責任和潛在的家庭衝突也隨之加劇。手足與繼手足之間價值觀可能並不相同。單親家庭可能會因為左支右絀不堪負荷而要面對額外的壓力。有些必須照護親屬的人自己也有健康問題，比如說關節炎、心臟病、糖尿病、骨質疏鬆或氣喘等，額外的緊張也會有礙他們本身的健康。要應付這些情境，就像是夾在一個超級厚片的三明治中間。如今你不僅要承擔外部的重擔，還要面對內部的壓力。

一家一個樣

「美滿」的家庭是互相協助、彼此合作的和諧網絡，但並非每一個家庭都如此。就算同為一家人，價值觀與喜好也不見得相同。舉例來說，到了必須討論是否要引入專業居家照護，或是否要將長輩轉入能提供更多協助的環境時，就可能引發激烈爭論。有一位女士就曾經意有所指地說：「或許家裏只有獨生子女會好一點。這樣一來，我就可以做我認為對的事，替媽媽找到必要的照護；她一個人獨居實在太辛苦了。雖然媽媽已經備妥法律文件，指定我全權負責，但我的兄弟姊妹對此大表不滿，不斷地指控我的過失，把我搞瘋了。」

父母長輩自有其生活方式，有時候甚至會抱持頑固的信念、偏好和偏見。不是每個人都能成為模範父母。家族的歷史會重演，過去的衝突會重現。但是有時候，舊的衝突也會改頭換面，轉變成創造和平的新方法。菲力普和山姆的情況便是如此。

山姆的故事：舊怨前隙放一邊

山姆和他的伴侶菲力普經營一家精品店。三年前，兩人收養了一名來自保加利亞的小孩。他們替小男孩取名亞當，在他們這棟位在高級社區中的幽雅連棟屋裏開始新生活，給他一個溫馨、親愛的家庭。為了輪流照顧亞當，他們設計了可行的工作班表，並聘用臨時保母來補足空檔。菲力普的父母都是慈祥的爺爺奶奶，但山姆的雙親態度一直很疏離，他們從來不接受他的同性戀傾向。

有一天，山姆接到妹妹茉莉的來電，告知他父親重度中風，導致他身體右半邊癱瘓，而且無法言語。所有為他們諮詢的專業人士都認為，他完全康復的機會微乎其微。茉莉單身，職業是老師，靠著微薄的薪資度日；雖然她願意偶爾擔任保母照顧亞當，但她和父母兄弟從來不親。現在，她懇求山姆助她一臂之力，因為情況已經一發不可收拾了。

山姆猶疑不決。他對於父母的拒人於千里之外感到憤怒，但在此同時，現在的他也已經是別人的父親了。不管亞當選擇何種生活方式，山姆絕對不會排斥兒子，但是，如果同樣的事發生在他身上，亞當又將如何對待他？山姆覺得現在的自己必須做點什麼，他決定要伸出手，和茉莉站在同一條陣線。他們是她的父母，也是他的父母。而且，他也必須以身作則，做給亞當看。他自己的矛盾情緒，則放到了一旁。

有時候，受到照料的人不只是長輩，還有參與其中的你，比方說朗妲和她叔叔藍尼。

藍尼的故事：難相處又孤獨

若以專業生涯來說，藍尼非常成功，成就也廣為人知，但他這個人很任性，更只在乎自己。身為鰥夫的藍尼，隨著年紀越大越來越難相處，得了癡呆症之後更是每下愈況。癡呆症是一種腦部疾病，會損害記憶、學習和判斷力，嚴重者足以干擾日常生活，人的個性和行為也會因此受影響，但不見得每一個人都會變得難相處。

當癡呆症越來越嚴重時，他完全無法自理，居家照護就此開始介入。因為他的惡形惡狀與極力抗拒，即便能找到居家照護人員，這些人也很快就精疲力竭了，最後的結果就是照護人員不斷來來去去。唯一和他有往來的似乎只剩姪女朗妲，絕望的朗妲花了很多時間與精力尋找合適的機構，藍尼最後被安置在她認為最好的地方。可想而知，他不斷抱怨、抱怨、再抱怨；每一個人、每一件事都不對勁：「沒人在乎，沒人過來，飯菜讓人想吐，醫生蠢得要命，沒有一樣是對的。」此外，因為生性偏執，他堅稱「中情局的人闖進來，把我的東西都偷走了」。

對朗妲而言，照護的責任並未因此結束，只是形式不同罷了。她接到永無止境的荒誕電話，受盡人格的侮辱，但她還是忍住了。在醫療照護機構裏，員工們就是聳聳肩，說道：「喔，我們知道他很難纏。他身不由己。」經歷了這一切的一切之後，朗妲終於明白了箇中原因：「他不知道他現在在做什麼。看看他過去名聲多響亮。我還記得，我還小的時候，他送我這只很漂亮、很漂亮的手鐲。我一直到今天都還留著。」

朗妲不離不棄，是她的選擇。她對過去的記憶，是具有療癒功效的安慰，讓她成為他生活中的主要、甚至是唯一的訪客，一直到生命的終點。

一個老人一個樣

有些人老當益壯，有些人年老力衰，有些人老來失能。老人的生理機能差別很大，從完全獨立到完全仰賴他人都有。而且，他們對於何謂「老了」的認知，也會影響他們的感受，以及他們的生理機能。在這些各有差異的因素之外，我們還要考慮另一點，那就是如今有超過一代以上的長者同時共存。六十五歲的女兒，可能有八十五歲的母親和一〇二歲的祖母，大家或許同住一個屋簷下，或許分居各處。他們當中的任何人或所有人都可能是照護者，或者是被照護者。

老當益壯

老當益「壯」的長輩或許患有一種或幾種慢性疾病，即便如此，他們仍能保有積極主動、狀況極佳的身體功能，可以慢慢地去適應任何限制。他們或許住在自己住了一輩子的家中，或是搬到其他地方去了。他們可以四處走動，從事日常活動，他們可能會繼續工作，也可能退休，並努力保持健康，感受美好。

退休可能也包括展開新事業、回學校、從事休閒嗜好或志工工作。傑森六十四歲時從保險業退下來，成為獨立投資顧問，這是他衷心熱愛的事業第二春。伊莎貝拉是一位退休的裁縫師傅，七十四歲時幫她女兒建立起一條炙手可熱的設計時尚產品線。

事實上，因為擁有豐富的知識和廣博的經驗，這些老當益壯的長者在許多方面仍是社會的中流砥柱。退休的企業高階主管，可能是企業與機構董事會裏的重要成員。而且，很多退休人士透過各種政府與企業方案自願擔任新創企業的指導人，把他們的知識與經驗應用在實務上。

生理機能與健康的衰退

另外有一些人，尤其是年過七十五歲的長者，生理上與心理上會逐漸衰弱，而且在日常生活上很可能至少需要某種程度的協助。他們已經無法再開車，也無法獨自搭乘大眾交通系統。在安全顧慮之下，爬樓梯變成一大挑戰，浴缸也可能害他們出意外；忘了自己有沒有付過帳、是否存入支票，則讓他們容易遭受剝削或詐騙。其中某些人必須改變日常生活型態，尤其是獨居者。

失能的長輩日常生活通常需要他人的協助，他們的獨立自主與生活品質也會因此而受損。如果他們已經無法自行用藥與進行其他治療，通常需要家人、受聘看護或雙管齊下，由這些人提供持續性的居家個人照護。另外還有一些社區型的照護，例如老人日托健康中心、居家送餐與家事服務，或是安置在照護機構，比方說協助性照護（assisted living）或安養院（nursing home）（譯注：協助性照護、安養院以及後面章節會提到的其他機構，皆為提供安養的機構，惟內容與形式會有差異）。

我們不可能預測身體健康的變化是忽然出現，還是逐漸地衰弱。健康問題嚴重程度不一，有輕有重。這些改變會影響生活的每一個面向，包括情緒、人際關係、財務和生活方式。慢性疾病，如心臟病、帕金森氏症、關節炎和肺病等等，可能會慢慢地惡化，讓患者有時間去適應，並先做規劃。有些人的健康問題則是突如其來，例如意外導致失能、中風或癌症，對他們來說，這比較像是一場「革命」，而非「演化」，他們可能是在極少甚至毫無準備之下迎接變局。這類變化會造成重大衝擊。

由成年子女擔任照護者

成年子女若突然成為照顧父母的人，他們就必須在原本的眾多角色之外再軋上一角。照護沒有工作說明書可茲遵循，也少有角色典範可供效法，還有，最重要的是，這份工作沒有時間表，因為照護責任一擔可能就是好幾年。老人學家現在提出「照護生涯」（caregiving career）一詞，指出照護涉及的性質、強度與頻率會隨著時間而變化，會因為受照顧者的生理、心理與情緒狀態不斷改變而不同。由於照護的範疇甚廣，而且會對照護者的健康造成負面影響，因此，照護這個議題正快速成為公共衛生與政策上的危機與兩難。

由成年子女兼任的照護者，年齡可能從四十歲到八十歲都有，涵蓋大部分一般稱為

「中年」及之後的年齡層。男性與女性都會主動參與，但是通常「有責任感的女兒或媳婦」做最多實際上的照護工作。女性會去照料父母親、公婆、朋友、配偶以及鄰居。她們不只做實際上的照護工作，也擔任支持者與決策代理人。雖說女性花在提供照護的時間比男性多了百分之五十，但男性在這方面也扮演不可或缺的角色。一般而言，負責居家修繕的是男性，比方說修理漏水的水龍頭或修復故障的門鎖，以及監督財務與法律相關事宜。但是，不同的文化還是有很大的差異。比方說，在某些亞洲文化當中，長子是主要的照護人，在某些文化中則是幼子。

職場女性

女性在職場上佔有相當大的比例。大部分的女性現在已經不是家庭主婦了，不再僅從事育兒與照顧長輩的工作。反之，在努力為家庭創造更美好生活的同時，她們自己可能也有吃重的事業。在時程表早已排到滿滿的生活中，工作職責更是讓人分身乏術。她們比過去更忙，煩亂不堪，要擔負多重任務，還要把也比過去更忙的孩子們送去參加各種活動。就像男性一樣，女性在工作上時間變得更長，也更賣力，很多家庭也得靠雙薪才能維持下去。擔任照護工作使得職場女性面對財務上的挑戰，比方說她們得曠職或請家庭照護假、無法獲得升遷或被迫提早退休，因此損失薪水。當被迫得去滿足來自工作、孩子、長輩與本身的各種推力與拉力時，她們被夾在三明治中間動彈不得，不管在哪一邊受壓，這種情況在中年女性身上尤其明顯。

成為照護者代表什麼意思？

承擔起照護者的角色通常是始料未及的，不管是生理、情緒或經濟上，要負責照護都是一大挑戰。如果是需要全神貫注的照護，很可能讓人難以承受。還好，這類照護通常不會持續太久。只要具備一些彈性，我們就可以撐過去。但是，照護到底有什麼玄機，為什麼會這麼辛苦？

若成為照護者，我們就必須重新審視自己的人生，檢驗自己和長輩、配偶、生命中的重要人物、手足、孩子、孫子、朋友鄰居等等的關係，包括過去的和現在的。這可能會致使我們去檢視自己的生活方式，包括工作與休閒活動，還有我們自己的夢想與計畫。說到底，照護帶來的挑戰，並非出現在真空的環境中。成為照護者，可能正反映出我們自身的脆弱，引發我們對未來的焦慮。這也可能提醒了我們過去的危機或生命事件，喚醒舊日和父母、手足及其他親戚之間的衝突。反過來說，這也可能幫助我們回想起之前成功的因應策略。

成為照護者，也迫使我們檢視日常行程與行為。我們能不能更常出現在年老體衰的長輩身邊？我們要如何重新配置時間？我們想這麼做嗎？配偶、孩子與主管能忍受我們多挪出多少時間？我們能否承受照護工作中的不可預測性？我們又要如何修正行為，才不會不斷地把挫折發在受照護者或其他無辜的人身上？

照護也會引發我們去驗證自己對於年老、疾病、等死、死亡和責任等議題的信念。照護會讓我們勾起無數對於父母的疑問：我們真的認為父母永遠都不會改變嗎？我們期望時間停住嗎？我們真的相信他們永遠會和我們在一起，或者，至少相信他們永遠都能自己照顧自己？還有，或許，這也是我們第一次對自己起了疑問：我們害怕自己的真實面貌嗎？如果有一天我們處在父母如今的處境，將會如何？如果我們得了心臟病、阿茲海默症或是中風，變得無能無助、混淆迷惑，那該怎麼辦？我們能否和父母討論他們的真實感受，以及他們想要的安寧照護是什麼？這些和我們自己想要的是否相同？我們能不能放手？我們要如何面對失去親人？

另外還有責任感的問題。如果無法陪在他們身邊，我們的罪惡感會有多強烈？當我們碰到必須將父母安置在協助性照護機構或安養院時，通常之前長輩還會苦苦哀求說「答應我你絕對不會把我送走」，這個時候的感受就特別揪心。而且，如果你真的答應過，現在你心裏會有多麼愧疚？

如果你的父母曾經以身作則，同樣悉心照顧你，你可能很容易就成為模範照護者，但是，如果他們不是呢？這正是傑克的處境。

傑克的故事：獅子變成了小綿羊

傑克是安的父親，過去一直獨居，生活能力看來完全沒有問題。喔，沒錯，他越來越老了，但是這一家人全都遺傳了「好基因」。他的雙親活到九十幾歲，他也正往同樣的方向邁進。所以安毫無疑問地認為自己也能活到很老，很老。安在家中三個小孩裏面排行最小，也是唯一的女兒，和前面兩個哥哥年齡差距很大，她媽媽常說，她的誕生是「意外」。爸爸也這麼看待她，常常說如果沒有生她的話，他和媽媽可以更常去旅行，存更多錢，做更多事，這也就是說，要說她是什麼的話，就是「包袱」。即便如此，現在的她過著美滿的生活，朋友成群，男男女女皆有，身為一名快五十歲的單身女子，她覺得自己受盡恩賜，能擁有這一切。

老爸似乎在一夜之間就變老了；沒有危機，沒有午夜的來電，也沒有聽到兄長的任何警告，有的就是一系列的改變：現在他就算配了眼鏡、戴了助聽器也握了枴杖，仍看不清楚、聽不明白、走得不穩。安養院「不在考慮之列」，因為他不會同意。他唯一想要的，就是來和安一起住。

她對親近的友人說：「突然之間，他變得溫馨慈愛。過去四十八年來他在哪裏？完全不見了；至少沒陪著我。現在，他倒認為他可以闖進我的生活，弄得天翻地覆？門都沒有。」她繼續說，「我才不要變成他的照護者。」然而，人生通常自有規劃。

她發現，當她去看爸爸時，他不僅很高興見到她，在她準備要離開時，他還會沮喪。對於過去沒有和她一起成長，他也提出了他的說法。「安，」他說，「我從不曾真正好好陪陪妳，我真是個笨蛋。看看妳現在的模樣。長大後的妳，變成如此美麗。我從來不曾真的了解過妳。」他開始啜泣，但很快地揩去眼淚，並且道歉。安覺得那是真實的感情，當她再問他是否考慮跟其中一個哥哥住的時候，他說他們的妻子可能反對，她的公寓很大，而且他真的很愛她，希望能在死前更了解她一點。安最初希望她的兄弟能善盡為人子女的職責，但現在她把這樣的態度放到了一邊。

反之，她刻意地決定要成為一位家庭照護者。她請爸爸來和她一起住。自此之後，她也做好安排工作、朋友社交與休閒的時間，從過去的活動當中挪出時間。她是在心甘情願之下做的選擇，現在的她，把爸爸看成一道新的人生之光。年齡慢慢磨掉了他的稜角，這頭雄獅已經變成了小綿羊；他真切的痛悔，深深地感動了安的心靈。五年之後，他過世了，是她在他的床邊握住他的手。就像她說的：「在這個世界裏，我沒有錯過什麼了。」

安打開心房接受新的體驗，做出了明智的選擇。這一切讓她改頭換面。同樣的，傑克也做了一些改變。「老狗學不會新把戲」的刻板印象，就只是刻板印象罷了。老年並不是一定會困住人的鐵牢籠。老去這件事本身就是流動的，而且，就算是鐵籠，也會有縫，讓光線可以穿透。傑克就看到了這道光，而且能夠隨之翩翩起舞。最後的結局不僅對做父親的人來說很圓滿，對女兒來說也是。雖然安和傑克有了好結局，但不見得所有的人都可以做到。

美寶的故事：實質上的受照護者

美寶有三個孩子、四個孫子，她獨居，和其中兩個孩子住得很近。因為患有嚴重的糖尿病，她需要接受密切的監護與觀察，尤其是藥物和飲食。她的女兒蘿拉每天早上上班時會順道過來替媽媽量血糖，替她打一針並讓她服用一些藥物，然後替她準備早餐。她的兒子羅伯利用中午休息時間替她送午餐，並和她一起用餐。他另一個女兒茱莉安娜則負責晚餐。醫生會輪流過來訪視，替她跑腿和處理家中雜務的人也會過來。家裏每一個人都公平地分擔了所有的焦慮。但是，如果妳問問美寶她過得如何，她會告訴你：「一切都很好，我根本不需要任何幫助。」

有些年老體衰的人堅決地否認他們有問題。他們不去看、不去聽也不去感受有什麼不對勁。若有人稍微暗示他們需要幫忙，就會受到斥責，得到的回應從「無聊」到「惡毒」都有。不要把他們的感受和事實混為一談，也不要把任何的協助強加在他們身上。你或許會看到矛盾與衝突，看到他們的需求與他們接受了你的協助、但同時又強烈主張他們不需要別人幫忙，卻也不想多做說明。請接受事實，你實際上便是一位照護者。

照護伴隨著挑戰與錯綜複雜，通常會讓人覺得是一場拖累：但是，它也可以變成一次自我啟迪的體驗。不論是正面或負面，都可以當成是為自己的老去而學習，並預作準備。雖然被夾在三明治中間似乎意味著你處於動彈不得的情境，但這個三明治是可以改變的。內餡可以不要裝那麼多，也可以填到滿出來。麵包可以有厚有薄。照護是動態、流動的情境，人事物都會改變。受照護者的需求會變，我們周遭的世界會變，我們自己也會改變。即便當一切看來彷彿靜止不動時，它們其實也都在改變。掌握你的三明治，把它分解成一小塊一小塊你有辦法處理的小單位，可以讓它變得能夠下嚥，甚至很美味。

第2章

人生哲學、信念、個人特質，都會影響你怎麼做

雖然我們不會常常去想，但每個人都有自己的人生哲理。當希臘哲學家蘇格拉底、柏拉圖與亞里斯多德開始傳揚自己的想法，他們的信念也變成了人們共有的知識。耶穌樹立了自己的信念，並圍繞著這些信念建立起一個新的宗教。摩西和上帝討論他的信念，因為他質疑自己是不是被上帝揀選的那個人，能不能帶領眾人前往新地。

而你，則守著一套原則過生活，這可以說是你的人生基調。有人稱之為使命，有人稱之為生命哲理，更有一些人稱之為信念。就是這些信念讓你動起來，引導你度過你的一天以及你的一生。你可能憤世嫉俗（這是一種信念）、樂觀向上（這是一種信念）、篤信宗教（這是一種信念）、是不可知論者或無神論者（這些都是信念）。不管如何，你就是懷抱著某種信念。你的長輩也是。你們雙方的信念的互動，會對於你所做的照護工作以及長輩所得到的照護產生重大影響。

常見的照護信念

以下這些案例，我們會看到在照護這個領域常見的一些信念。你的信念可能也包括在內。

第一條信念是只有家人才可以提供照護，為人子女者對父母有責任。父母養育子女，子女至少要照顧父母親其中一人。

法蘭西絲卡的故事：無私的照護者

法蘭西絲卡四十歲，是一位心理健康方面的專業人士，她和病弱體衰的母親住在一起。法蘭西絲卡甜美又體貼。然而主治醫師建議，她的九十多歲的老母親需要安置到住家以外的專業機構去。法蘭西絲卡的反應是：

> 我有責任留在家裏照顧她。孩提時代的我動不動就生病，是家裏六個小孩裏面的么女，她從沒把我丟著不管，現在我為什麼應該把她丟掉？嗯？到目前為止，我真的好累。我每天晚歸，一整天要和各種人打交道，晚上回到家變成爸爸過世後十年來一直陪著媽媽的人，直到上床睡覺為止。週末的話，呃，我都待在家。我是家人；家人就必須要有家人的樣子。

法蘭西絲卡全心投入照護母親，這並非出於媽媽的要求，而是她的信念系統發揮完全影響力之後的結果。

雖然我們都認為很多獨生女都會盡心照顧父母，無私奉獻，但有些做兒子的也不落人後，戈登便是其中之一。

戈登的故事：挑起照護責任的兒子

我知道爸爸需要安養院，但是他到了那裏之後也活不久了。那是生命的終點。老人進了安養院都是為了等死。真的，我看了好幾家，但我為什麼會想把他送進去呢？以前他是一個好爸爸。從前他會帶我去看球賽，我要什麼都會買給我，送我上大學（對這點他很堅持）。我想不到有誰做爸爸比他做得更好。那現在我為什麼要這樣待他？我的姊妹希望我把他送走，但我絕不同意。

他的信念是：「安養院是其他人該去的地方，但不是我爸媽。」戈登的信念已經根深柢固，不容爭辯，完全不管某些安養院辦得多好，還有各種不同的安置選擇可滿足被安置者的需求，更別提他父親甚至跟他說過：「兒子，我想我快要受不了了，你和你的姊妹應該也一樣。隔壁的珍妮現在就住在街尾新開的安養院裏，她女兒跟我說她在那裏交到了朋友，那裏的伙食很好，人員也很親切。我認為我可以試試看。如果我不滿意，我可以回來。」但戈登很固執：「爸爸，不行，那不是你該去的地方。」

信念是人的一部分，除非你刻意努力，否則很難診斷分析。但是，首先你要先知道有信念這樣的東西。

華倫提娜的故事：憤世嫉俗的女兒

華倫提娜抱持類似的信念，但理由不同。來到美國之後，她曾經被搶劫過一次，她的家也曾經被人闖入。她因此相信，美國人比她母國的人民更愛行竊偷盜。她的父母都坐輪椅，住在一棟小公寓裏，有個人負責照顧他們。週末時，如果華倫提娜不需工作，她或她的兄弟就會充當照護人員，擔負起照顧父母的全部責任。她會把兩個小孩交給她先生照顧，和父母一起睡在沙發上。她的兄弟單身，不管哪裏，只要能坐能睡就好；他常常睡在父母床邊的地毯上。何不找一家安養機構呢？他們說：「安養院裏的人會偷東西。」當你再問他們怎麼知道時，他們的表情就好像你問他們月亮是不是晚上才會出來一樣。什麼理由都無法說服他們嘗試其他做法。也因此，在這些偏見之下，信念根本與事實不符；但是，信念還是戰勝一切。

南西的故事：心懷感激的照護者

戈登和華倫提娜是堅定不移地守住自己的信念，南西的處境則大不相同。就她記憶所及，母親薇拉總是一再強調她這個女兒對這個家有多重要，以及年老時家庭照護有多必要。南西真的很希望自己能滿足這些心願。然而，有一天她陷入了嚴重危機，使得她不得不正視現實。薇拉去醫院做例行性的心血管手術，卻出現併發症，導致不可逆的傷害，使得她必須住進復健機構。醫生指出，這樣的安排將會是長期的。前一天她還完全好好的，後一天她就什麼都需要人照顧了，甚至還要機器幫忙。絕望不已的南西，必須快速做出決定。薇拉不用無限期留在治療急症的醫院裏，她需要的反而是安置到安養院去。南西雖然很有意願，但實在沒辦法在家裏照護薇拉。因此，縱使心裏千百個不願意，她仍被迫去長期照護中心找了一個裝有呼吸輔助器的床位。她找到了，安置好媽媽，之後也常常去看她。薇拉在養護機構活了大約一年。南西覺得媽媽受到很好的照護，她說：「我已經盡全力了，我毫無遺憾。感謝老天，當我媽媽有需要時還能獲得良好的照顧。這些照護人員絕對是我的恩人。我不知道他們怎麼有辦法日復一日做這些照護工作。」

蘿貝塔：頑抗的照護者

另一條常見的信念是：「媽媽有權保有她的獨立自主。」在這個例子裏，七十八歲的柏莎是一位寡婦，她被診斷出患有中期的阿茲海默症，她的女兒蘿貝塔支持她的所有願望，即便鄰居和朋友都發出警告說她有安全上的顧慮，但蘿貝塔仍然讓她獨居在郊區的房子裏，也讓她開車。

柏莎的行程每天都很固定，她從來不會離家太遠，因此家裏人輕忽了她的脆弱。有一天，她從教堂開車回家，撞到另一部車，但她還是繼續開。剛好有一名員警騎車經過，把她擋下來，扣下她的車，並且打電話叫蘿貝塔過來帶她。此外，這名員警還向保險公司通報這次車禍，並通知監理所她明顯已經失能。

蘿貝塔現在必須面對現實，重新思考她媽媽的自主能力。在初次諮詢專業人士時，她說：「我不能把媽媽的車子拿走，她會完蛋的。」蘿貝塔也拒絕回到家裏來協助媽媽，因為「媽媽需要隱私」。有時候我們會因為自己的信念而變得盲目，因為這些信念看起來都是好意。在這個例子中，因為交通意外事故，才讓大家去正視柏莎的脆弱。

在獨立與依賴之間求取平衡

或早或晚，我們一定得處理人越來越脆弱的問題。希臘人的做法很對，他們堅持均衡的人生才是健康的人生。飲食是好事，但前提是你沒有暴飲暴食或厭食。同樣的道理也適用在運動上，或是其他事物。比例和平衡有助於健康的人生，因此，如果獨立有其必要性（確實也是如此），那麼，依賴也是。一個人若走路有困難，比方說下雪街道濕滑時便無法安全行走，此時還不請別人協助過街，那就太笨了。已經達成平衡的人會開口，覺得羞愧的人則不願意開口要求，因此很容易摔倒，還可能造成很嚴重的後果。所以說，依賴不見得一定是壞事，尤其是，當一點點協助就可以保命的時候。

另一條人們熟悉的信念是：「我必須留一點什麼給孩子們，不然的話，人生有什麼意義呢？」

蓋兒的故事：我的錢就是我的遺產

蓋兒必須照顧她患有帕金森氏症的丈夫，她自己也被診斷出罹患乳癌，並決定開始接受放射線與化學治療。她很執著於家庭的重要性，她是一位全心奉獻的妻子、母親和祖母，也是大家眼中的照護者，她堅持自己仍然很強壯，而且其他各方面都很健康，可以照顧丈夫和自己，不需要其他的協助，畢竟：

我能留給後代的，就只有錢。我必須為了孩子和孫子們省一點。你知道上大學一年要花多少錢嗎？教育十分昂貴，而且，就算是一些事業有成的父母，也無法在沒有任何協助之下擔負這些額外的開支。如果孩子申請助學貸款，他們就得一輩子負債。如果我們無法幫忙孩子們，那這種祖父母有什麼用？我們努力工作、努力存錢又是為什麼？

蓋兒不想動到她的大額存款，她的期待是，即便已成年的子女們肩上都擔負著沉重的責任，包括工作以及照顧年幼的孩子們，但他們仍會拋下一切，全心全意照護父母親。

繼承是世代間的財富移轉。人們對於繼承的想法不盡相同，它可能是房舍、藝術品、古董、珠寶、股票、債券或現金。對蓋兒來說，她想要的是希望有人記得她，她能留下遺產給後代，希望後繼有人，記憶長存。活著的時候，大家在一起；過世之後，不管我們對於死亡抱持怎樣的信念，都希望自己仍然與其他生者同在。

喜好

如果說信念是引領你走過每一天的指引，那麼，喜好就是進一步定義你生活品質的因素。喜好不是隨機的；它們本來就是你這個人的一部分。你知道你的喜好是什麼，並且昭告天下：你住在哪裏、你的穿著打扮風格、你選擇哪種度假方式、你讀哪些書、你吃什麼、你看哪些電視節目、你選擇哪些朋友、你的職業生涯、你選擇的親密伴侶以及你的生活風格，在在都是喜好。在這個選擇氾濫的世界裏，你做出了特意的決定，並在上面蓋上了屬於你的戳印。即便當你改變選項，那仍是你的選擇。以長輩來說，他們的喜好可是已經存在了好幾十年了。

麗拉：有意識地改變生活方式

住在北方的麗拉一直很不想變成「候鳥」，不想在冬天的時候飛往南方，因為她覺得：「我沒辦法忍受身邊有那麼多老人家，而且，買雪靴、裹著厚外套走在銀白的雪地裏到底有什麼不對？」後來，她在雪地裏滑倒了，還摔斷了髖骨。康復之後，她也變成一隻候鳥了。她做出了選擇。另一個選擇是在寒風刺骨的冬天裏留在北方，躲在室內，如果偶爾她萬不得已要外出，她可以靠著丈夫扶她一把。

現在，來談談你吧？你也有你的喜好。雖然你的喜好自有其價值，但那些只是「你」的喜好。你可以表達出來，但不要強加在別人身上。身為照護者，要把焦點放在長者的喜好上面。現在，麗拉已經把她的喜好付諸行動了，想一想你可以怎麼樣去配合：你能多常飛到南方去看看她？你能待多久？電話、電子郵件和其他可以保持聯絡的工具，你又要怎麼善加利用呢？

唐恩：追求第二春

最引人非議的喜好之一，是喪偶的父母再婚的時候。唐恩今年七十二歲，但看起來仍十分年輕，而且活力十足。他和凱莉結縭四十五年，在經歷過一場短暫但痛苦的病痛之後，凱莉過世了。他們有兩個女兒和一個兒子，孩子們都已經成家，也都有孩子了。唐恩有一份好工作、豐厚的存款和一筆年金。一年多之後，他在朋友的晚宴上遇見了蕾貝卡。蕾貝卡迷人且充滿活力，一直未婚，她說：「唐恩是我的第一份真愛。我花了好長一段時間，但最後我終於找到了。」

孩子們嚇壞了。「你怎麼能這樣對我們呢？倒不是說我們不喜歡蕾貝卡，但這不像你會做的事。你是這麼體貼而且謹慎的人。你真的知道自己在做什麼嗎？我們很擔心你。」唐恩聽他們說，但是仍然按照計畫勇往直前。他一直是一個確實知道自己想要什麼的人，他傾聽自己的內在聲音，一路前行。他對孩子們說：「聽我說，你們的媽媽非常、非常特別，我深愛她。蕾貝卡是另一個人，獨一無二的。我就是愛她現在的樣子。這是我的選擇，我希望你們能尊重我。記住，我未來仍將深愛著你們，就像過去一樣，也會珍惜和媽媽在一起的回憶。」

再婚

對於父母再婚，為人子女的可能原則上會支持，但是一旦真要面對了，他們會發現這件事非常可怕，就像上面唐恩的例子一樣。一般人表達出來的恐懼是：「她想要的是你的錢（也就是說，我們的遺產）。你根本不太了解她。我們到最後可能得照顧你們兩個人。」在這些說法之下，藏著一個真正的理由：你對媽媽不忠誠。另一個女人將取代媽媽在床上的位置，使用她喜歡的東西，拿她最漂亮的那一套銀器來擺餐桌，而且，在這一切的一切之間，她全面取代了媽媽。以唐恩的例子來說，雖然沒有繼子女，但是他還是要和自家的兒女奮戰。如果再加上繼子女和繼孫輩，情況將變得更複雜，因為會出現一連串價值觀、喜好、嫉妒的衝突碰撞，以及對時間和注意力的競爭，比方說：「你現在要和誰一起過聖誕節？」

個人特質

信念和喜好都是你整個個性當中的一部分。你的信念，會轉化成行動的生活哲理。你的喜好，是你根據這些信念所做出的獨特選擇。這些信念與喜好，從一開始就存在了。過去一般認為，人出生的時候是一張白紙，你遭遇的任何人與任何事都會深深植入，留在你這一生裏。你的父母會有一套說話方式，你的兄弟姊妹可能仁慈或者卑劣，諸如此類的，個人特質就好像是你被雷劈到，烙印永遠留了下來。但其實並非如此。

新的研究說，你是帶著某些個人特質來到人世的，從第一天開始就具備這些特質，持續一生。和我們到目前為止聽到的不同的是，父母親的影響力很小，僅有百分之十甚至更少。你回應萬事萬物的態度，和你的兄弟姊妹可能大不相同。你繼承而來的基因，在決定你的人格特質時佔了百分之四十到五十；你獨有的、專屬於個人的反應，大致上決定了你這個人。因此，假設有一個家裏有五個孩子，父母親對待五個孩子的方式大致類似，你獨有的反應則是你自己的，而這也正是為什麼敏銳通達的父母會說：「我每一個孩子都不一樣。」多數近期針對同卵雙胞胎所做的社會科學研究也支持這些發現：這些雙胞胎被分開撫養，幾十年後重新聚首，發現他們的特質和行為都十分相似。

這對於已長大成人的你有何影響？這對於你擔任照護者的角色又有何影響？你回應父母的態度，會依據你獨有的個人特質而定。同樣的，他們也會根據他們的原則回應你。目前已經找到十二種重要的個人特質。

對陪伴的需求

你一出生就展現了這項特質。還是寶寶的時候，你就無法忍受媽媽離開身邊。你厭惡自己一個人待在搖籃裏，就算短時間也不行。等到該上托兒所或幼稚園時，媽媽一離開，你就大哭大叫。這就是所謂的「分離焦慮」（separation anxiety），當父母離開時，你會感到焦慮不安。現在，過了三十、四十年甚至五十年後，這樣的特質仍在。你喜歡親密，也需要親密。雪倫說：「現在的我，是一個五十二歲的女人。我的媽媽是寡婦，今年八十五歲，她年老體弱，但也並不比別人差。我們請了人在家裏陪她，但我一直想到的是她快要離開我了，我感覺到過去那股歇斯底里的感覺又上身了。」

具有這種特質的老人，也同樣需要親密。自從瑪莎的丈夫死後，瑪莎晚上根本不敢一個人在公寓裏過夜。她每天晚上都叫姪女過來公寓裏陪她。一陣子之後，她搬去和已婚的女兒一起住。過了幾年，等到要搬進安養院時，她選擇了和別人同住一間套房，因為她想要有室友陪伴。人格特質已經嵌在我們的深處。

雖然有很多老人獨居，而且，由於女性的壽命通常比男性長，因此獨居女性更多，但這樣的處境可能不是他們自己的選擇。孤獨與疏離會越來越嚴重，因此讓他們更加脆弱，包括生理上和心理上都是如此。

理想主義

理想主義是一種會讓人精力充沛的特質，把我們所做的一切變得更多采多姿。理想主義者認為人們基本上是誠實、美好且值得信任的。這樣的心態，包含了宗教、性靈、神祕主義、道德與倫理等種種面向。展現出這種特質的孩子，特別有仁愛之心，很小的時候就會關心別人。有朋友哭了，他們會去安慰對方。理想主義者都是樂觀主義者，他們說，這個世界很美好，我也很好；他們會為了他人的利益而表現英勇的行為並付出信任。

主觀福祉

主觀福祉（subjective well-being）和你如何看待自己有關。基本上，注重主觀福祉的你可能是樂觀主義者，也可能是悲觀主義者。如果你是樂觀主義者，你通常會認為事情還大有可為。當我們年齡漸長，我們心裏也會自有一把尺，在回應每天的高潮低潮與重大事件時，會持續測量自己的感受，看看自己是喜樂滿意，還是不太開心。這樣的觀點會一輩子跟著我們。

查琳娜的故事：永遠的樂觀主義者

七十歲的查琳娜去了一趟購物中心。當她返家時，她發現自己把錢包遺落在咖啡吧了。雖然裏面的錢不多，但有她的身分證、健保卡、駕照以及其他重要物品。她打了電話給幾個朋友，順便提到這件事。聽到之後，大家都堅持她應該馬上「中止」一切證件與卡片，並且覺得很奇怪，為什麼她並不太難過，也沒有太主動處理。查琳娜用平靜的口氣對他們說，她相信會有某個「善良的靈魂撿到錢包，然後還給我」。她的朋友大多都表示懷疑，但她仍遵循自己的直覺，等待著。不到兩天，就有一個年輕的大學生打電話來，說撿到她的錢包，想要親自還給她。她拿來還了，當查琳娜提議要致贈一些薄禮時，對方說：「不了，我很高興能這麼做，而且我很高興是我撿到的。」查琳娜則繼續做她永遠的樂觀主義者。

這項特質的另一面是憤世嫉俗，他們覺得大多數人都是自私、不在乎別人而且不值得信任。回到之前的華倫提娜那個例子，你應該還記得，華倫提娜覺得在安養院工作的人都是小偷；她就有憤世嫉俗的人格特質。這樣的特質導致她採取不當的作為，不僅剝奪了父母能得到的最佳照護品質，也對於她自己和兄弟的生活品質造成重大影響。

情緒強度

每一個人都有各種不同的情緒，但有些人的情緒濃烈，也有些人比較淡漠。如果你還記得的話，即便戈登的父親渴望能「試試看住進安養院」，但做兒子的戈登卻斷然拒絕。他的情緒很強烈，從他小的時候就是這樣了——當其他寶寶相對平靜時，他卻總是大聲歡笑、盡情哭鬧，並且用強烈的態度回應人與事。現在已經是大人的他，光是聽到爸爸提到安養院，他也用同樣強烈的情緒強度回應，那是他與生俱來的。在這個時候，他天生的人格特質發揮了力量，對抗他父親的特質；父親的感受和他很不一樣。爸爸想要住住看安養院，他相信他在那裏會很舒適。

不可以將長輩視為沉默無意見的同伴，要傾聽並接納他的心願。和一般迷思相反的是，事實上大多數老人家都保有理智，不可以認定他們無能。他們可以而且應該成為照護決策中的主動參與者。畢竟，那是他們的人生。

船到橋頭自然直

凱特在八十歲時搬去和女兒依芳住，是依芳請她去的。凱特的朋友警告她別這麼做：「你在那裏不會快樂的。孫子吵死了，你沒法維持你的日常作息。」但是，相信船到橋頭自然直的凱特才不管這些問題。如果我們知道襁褓時的凱特是什麼模樣，就會知道當你拿個新玩具在她面前盪來盪去時，她就是那個開心地嘰嘰咯咯笑的寶寶。如果我們追蹤她的高中時代，就會看到她是勇於承擔風險的人，等到成年之後，她就變成了創業家。這種特質一直沒變。她搬進女兒的房子裏，迎接這個全新的體驗，住在那裏一直到她過世。

雖然世人的刻板印象是老年人很頑固、僵化，不願意接受挑戰，無法改變，而且老到無法學習，但老人仍是有彈性的。顯然，凱特並不是冥頑不化的那種人。而且，就像你猜想的，她不接受別人的建議，只相信自己。

船到橋頭自然直的這種特質會深深影響照護者，而且對他們來說非常寶貴。因為，受照護者的需求會不斷變化，計畫、策略與服務可能也會常常出現新的轉折。當你承擔起照護的角色時，沒有人會給你工作說明書，你可能也沒有任何典範可供效法。有時候，你必須且戰且走，即興演出。對照護者來說，「順勢而為」是非常有用的箴言。

性慾

性慾，或者說性，也是這十二種重要特質之一。擔任家庭照護者角色的人性慾可能高也可能低，他們會據此安排要花多少時間和配偶或伴侶在一起。從實務面來說，照護可能會縮減與家人共度的時光，以及和伴侶獨處的時間。

另一方面，如果受照護者的性慾高漲而且控制衝動的能力很低，會讓照護者很尷尬，甚至覺得很丟臉。還記得藍尼叔叔和他的姪女朗妲嗎？當朗妲來看他時，他談到其中一個護士：「她有個漂亮的翹臀，不像妳的那樣瘦巴巴。」但還好他這一次沒有試著要去摸她一把。雖然一般的迷思是老化會奪走老人家的性慾，但事實上，老人家也會有性衝動。如果行事得宜，老年人也可以享受性活動並從中得到歡愉，就像年輕人一樣；有時候缺少的只是機會，對於老婦人來說尤其如此。超過六十歲以上的男女性別比率，每過十歲就不斷下降；但是，有創意的年長女性還是能找到她的床伴。

撫育之心

在這十二種特質當中，其中一種是撫育之心（nurturance）；照護者想要撫育他人的心情有高有低。我們之前見過的法蘭西絲卡，就是強烈想要撫育他人的女性；她全心奉獻自己，照料母親。還小的時候，當她看到有人不開心，她也會跟著不開心。而且連動物也是她撫育的對象。她選擇的專業，正好是讓她能夠展現仁心的領域。法蘭西絲卡是一位社工人員，真是天造地設的選擇。

如果不要太過極端，具備撫育之心是一件好事。這是一種樂於保護照顧他人的特質，少了它，沒有人活得了。沒受過基本撫育的孩子，會過著疏離的人生，不知道要對什麼生出仁心，也無法親近他人，甚至會切割自我。會成為照護者的人，都是能在自己身上找到這種溫馨美好的撫育特質、並加以善用的人。善用這項特質，我們能從幫助人當中獲得歡愉，並實現自己的目標。撫育之心影響了個人，也能讓一家人緊緊相繫，因此也會影響整個家庭。

外向

外向的寶寶努力爭取社會的關注。他們是「善於與人相處的那種人」，而且一向如此。艾爾是典型的例子，他是這樣對我們說他的母親：「她需要多到外面走走，我認為她很憂鬱，我很擔心。她一個人待在家，只會自己去散散步而已。沒有別人，沒有刺激，什麼都沒有。喔，對了，她大量閱讀。但你也知道，她需要和人相處。我是說，每個人都有朋友，都會參加聚會、上教堂或去看電影。只有自己一個人可不是好事。」當我們問他，他母親在父親過世之前是怎麼過日子時，他說：「呃，現在我想到了，以前她也大量閱讀，喜歡獨處。她也可以和爸爸在一起，但我還是認為她比較喜歡自己陪自己。」他大笑。「我猜，我只是覺得我受不了這樣，那她也應該受不了吧？」艾爾的評論，揭露了他外向的人格特質。

個性怕羞、安靜，不見得是負面的。如果你對於自我的感受很安全，你可能不需要或不想要身邊有太多人。這和膽小的人不一樣，後者的怕羞安靜，是因為害怕批評，或是缺乏與人互動的社交技巧。後面這一種典型的例子是湯姆，現年八十二歲的他，已經知道自己患上痴呆症了。他說：「我太太堅持要我和她一起參加各種社交活動，但我覺得自己是個隱形的伴侶。我從來不敢說我要什麼。我只聽得到身邊一直有人聊天，等我有話可說時，總是有人會先說出口。我就像一隻烏龜，最後縮回自己的殼裏。」

美學

「有音樂的地方，就不會有魔鬼。」這是三百多年前賽萬提斯（Cervantes）在《唐吉訶德》（*Don Quixote*）裏所說的。對於那些具有美學方面個人特質的人來說，音樂、藝術以及所有自然之美在他們心裏都佔有崇高的地位，人生不過就是這些。俗話說「音樂是天使的語言」，這句話是他們的最愛。具備這種特質的人，從呱呱墜地那一刻開始，就熱烈地回應強烈的美學刺激：色彩與聲音。幼兒時期，他們會跳舞、歌唱或繪畫，很多人已經在其中一個或多個領域上展現出明顯的天分。長大之後，他們常常看電影、聽音樂會、參觀藝術展覽、聽歌劇、觀賞芭蕾舞和表演。如果你年邁的父母對這方面的品質要求很高，你要知道他們會喜歡能反映這種個人特質的環境。

活動力

活動力會影響到身為照護者的你。你的活動力可能高也可能低。還是寶寶時，你可能只睡一點點，也可能很愛睡。如果你是活動力很強的人，叫你上床睡覺會是一件很吃力的工作。你總是在忙著什麼事，而且一向這樣。在遊樂場裏，你跑上跑下，活力無窮，把旁邊的人都累垮了，就你自己不累。你看來一點都不疲倦。而現在的你必須要照顧另一個人了，請記得你自己本來的模樣，並憑藉著你的特質擔下許多繁雜的工作。

受照護者的活動力也會影響到你的照護經驗。如果受照護者希望一直有事情做，那他就是個「需要妥善規劃」的人，當你在做規劃時要先知道這一點。如果受照護者晚上睡得不多，而你白天又有工作要做，那你就得想辦法解決你睡眠時間不夠的問題；或許可以請人來幫忙輪晚班。這裏的技巧在於：你要和受照護者在活動力方面「步調一致」。你要知道差異何在。負擔過大會造成過度的傷害，離你累垮的那一天也就不遠了。有必要時。請調整你的活動力。

物質主義

「我是一個很重物欲的人。」物質主義者如是說。能夠擁有可以看到、感受到、穿戴上身，甚至可以儲藏的東西，是他們的熱情所在。物質主義本身雖然不是壞的個人特質，但過頭就不好。一個人如果太過注重物質，可能會變得很愛囤積，不願意分享他們累積的任何寶貝，包括金錢、衣服、物品或是預期可繼承的利益。烏蘇拉便是一個例子。烏蘇拉的婆婆是一個經濟上無後顧之憂的女性，現在得了絕症。烏蘇拉的大姑小姑們想要把媽媽送進一家舒適、頗獲好評的安養院，但烏蘇拉強力反對。「我婆婆不需要，這根本是浪費錢。她家好的很，她要什麼有什麼。而且，反正她還能活多久？這樣做又有什麼意義？但錢浪費掉就浪費掉了。」這一家人被烏蘇拉的貪婪嚇壞了，他們否決了烏蘇拉的意見，逕行處理安置事宜。

務實地說，現實中有很多經濟限制要考慮。長期照護很昂貴，而居家照護同樣可能所費不貲，甚至成本更高。以烏蘇拉為例，她之所以反對安置，理由是出於貪婪，而非考量病患的需求與經濟條件。

大部分的家人不會像烏蘇拉這樣。談到照護、犧牲自我，甚至要犧牲自己的資源時，多數人都會很慷慨。不論你怎麼看，照護都是很昂貴的。這當中的利害關係是，你可能要損失工作時間、錯過升遷、無法負起你專業上的責任、損失福利、承擔更多壓力以及忽略你的個人需求。

知識分子

知識分子這種人格特質，著重的是想法。如果你年邁的父母是大家口中所說的「理論家」，而且一直都是這樣，他們就需要一個能迎合這種特質的環境。對他們來說，

「因為想法而感到興奮」一直是、未來也將是最理想的狀態。各類書籍、哲學與知識上的刺激，就代表了他們全部的人生意義。你可以從這裏找線索。然而，如果你自己是「理論家」，而且說的比做的更多，那你也要有自知之明。知識分子可以是一種正面而美好的特質，但也可以是行動的阻礙。這並不表示我們應該看輕知識份子；事實上，他們是人類社會裏非常重要的一群人。照護者可以閱讀、研究與思考問題，這都是好的。但是，到了一個關頭，你總是必須得出結論並採取行動。如果你只是空想，沒有人能從中受惠。

喬依絲的故事：理論家

喬依絲天生聰明，她擁有哲學博士學位，在本地大學擔任倫理學教授。身為獨生女的她，負責照顧母親艾琳娜；艾琳娜寡居已久，獨自住在人人羨慕地段上的一棟豪宅裏。艾琳娜越來越健忘，也更離群索居，甚至連隔壁鄰居都不來往了。喬依絲每週都去看她，假日也去，偶爾陪她一起去剪頭髮或看醫生。艾琳娜的家裏東西愈堆愈多，現在改由喬依絲負責處理帳單，因為艾琳娜會神經質地不斷去翻找這些帳單。喬依絲知道媽媽日漸老化了，但她把一切合理化，認為雖然有這些表面徵兆，但她媽媽是住在安全社區裏的安穩房子裏，而且住得很舒服。

有一次喬依絲去探訪媽媽時，發現媽媽的手臂明顯不對勁，但不知道她受傷了。去了急診室，才發現她骨折了。還好艾琳娜不需要動手術，喬依絲則請了一名家庭照護人員，暫時陪她一起住。醫院的社工認為，到了這個時候，她媽媽需要更多的照顧監護，未來也很可能如此。但是，喬依絲已經請了臨時助手，做女兒的她不覺得有那麼急迫要多做點什麼。

兩星期後，雖然有家庭照護人員在場，艾琳娜還是摔倒了，又得再跑一趟急診室。這一次，是腳踝稍微骨折。同樣的，喬依絲謝天謝地，因為艾琳娜仍然不用動手術。艾琳娜暫時不能走路，喬依絲會來幫忙，朗讀她早已爛熟的經典名著給她聽。「這會讓她舒服一點；我自己讀這些經典就會好過一點，我知道對她來說也一樣。她將會忘記所有的痛楚。」

現在，有人強烈建議喬依絲考慮替艾琳娜安排其他更好的住處。她考慮過，而且是一再地考慮。她也不斷地閱讀與做研究。她去拜訪了幾家老人安養院，判定每一家都不夠格。「我媽媽在這種地方絕對不會快樂，她不該來這種地方。這裏沒有任何知識方面的刺激，這些人跟不上她的水準。而且我來這裏看她也不那麼方便。」

在此同時，家裏雜物堆得更多了，媽媽與他人疏離的情況更加嚴重——她越來越脆弱了。喬依絲並未堅持要媽媽搬到協助性照護機構，因為她怕惹得媽媽不高興。她愛她媽媽，她相信自己可以好好照顧媽媽，因為「她只有老化這個問題而已」。雖然喬依絲認為發生在艾琳娜身上的變化不過是「老化的正常過程」，但她也接受「母親確實要做一點改變」這個想法。但是，想法只是想法而已，喬依絲還是沒有採取任何行動。

老化：成長、挑戰與改變

你對於老化、疾病、死亡與垂死的基本信念，會影響到整個照護流程。老化是動態過程，而且會帶來成長、挑戰與改變。人從一出生就開始老化了。我們從嬰兒時期慢慢走向童年、青少年、青年、中年、老年，現在更有「超老年」的例子。隨著時間過去，技能和角色都會不同，就像我們身邊的環境也會改變一樣。

那挑戰又怎麼說呢？挑戰不一定是你自找的，但會透過生理變化的方式出現；這些變化雖然就是老化的本質，但不一定是損害。你或許還是可以做瑜伽，但以你能做的體位來說，現在必須去適應身體的變化。你要跑完馬拉松所需的時間越來越長，但你還是能跑完。老年人不一定都病弱體衰，但一點點的妥協可以讓你活得更久。

真正的挑戰是，雖然老化是正常的過程，但有些疾病會因為人逐漸老化而更常見，例如高血壓、心臟病、關節炎、癌症與阿茲海默症。這些疾病有輕度、中度和重度之分，也會有急性與慢性的不同。有些疾病可以透過改變生活方式、藥物與另類療法來控制，但很多疾病都會改變病患的人生。有些人已經失能，必須有人協助處理日常活動，範圍從最簡單的協助到完全的照護都有。在某些案例中，就算不願意，老人家也必須仰賴他人。你得去接受並尊重這種事。

疼痛

你的信念和人格特質會深深影響你如何照料長輩。舉例來說，如果你相信受苦是老化過程中很正常的一部分，回過頭來，當你聽到他們抱怨、看到他們凡事仰賴別人時，或許會加以斥責並感到生氣。最遺憾的是，連醫療專業人士也和一般民眾一樣，同樣抱持這種態度。「你到這個年齡了還期望什麼？」這種話常常聽到。

基於世人對於老化抱持的負面刻板印象，疼痛常常被輕忽，治療起來也很消極，而且常遭人駁斥。事實上，不管任何年紀，痛就是痛，受苦就是受苦。疼痛的經驗，反映的是心理與身體之間的強烈關聯。疼痛可能會影響睡眠、心情、胃口、活動力、體型與身體功能，更可能會引起壓力大增、無助、絕望與失控的感受。

要去傾聽受照護者跟你說了什麼，並觀察他們的肢體語言。疼痛可能會同時影響多個身體部位。不要快速跳過細節，試著了解徵狀要跟你說些什麼，並積極採取行動。現在有疼痛管理（pain management）這種工具，試著去找找看。

臨終照護

死亡有很多面向。如果你相信有來世，你會把死亡當成進入另一個更美好、更純淨世界的踏腳石。如果你認為死亡是最後的終點，那又是另一種生死觀。每一種想法都有其正當性。同樣的，你的信念會影響你身為照護者的角色。因為你的信念屬於你自己。

在提供照護時，你需要知道受照護者在這方面的信念是什麼。唯有如此，你才能適當地規劃他們的臨終照護。如果一直沒談過這個話題，而且也到了不可能討論的時候，就要找找看有沒有書面文件，如醫療照護委託書（health-care proxy）、生前遺囑（living will）或永久醫療授權書（durable power of attorney）。如果沒有書面文件，你就要代表你摯愛的人行事，去做你認為他們希望的。

有越來越多人關注臨終照護的選項：家中、協助性照護與安養機構裏，都可以選擇安寧照護（comfort care）、舒緩照護（palliative care）和善終關懷（hospice）等。負責照護善終關懷病患的團隊，是由多重科別專業人士所組成的小組，包括護理師、社工、醫師、心理學家與神職人員。身為家人，你也是這個團隊裏不可或缺的一環。這裏觸及的議題是照護而非治療，是促進生命品質而非延長時間。好比說，如果有一位病患已經到了癌症末期，也選擇了善終關懷，積極的治療方式如化療或手術就會中止，病患則會接受疼痛管理，以及安養照護、個人照護、家庭與病患喪親諮商。

死亡已經逼近，這是很難接受的事。一直勇敢地和親人一起奮戰的照護者，必須面對臨終經驗的現實，改變付出的重點。我們都是在神智清明之下選擇我們想要過怎樣的人生，以及我們想要如何死亡。照護者與受照護者在這個主題上看法可能南轅北轍，我們必須在不帶批判之下接納所有的觀點。

你是艱難情境下的「三明治世代」，若能了解你自己和受照護者的人生哲學、信念與個人特質為何，將會讓你受益良多。「什麼才是好的？什麼是該做的正確之事？那錯誤又怎麼辦呢？錯誤可以改正嗎？」就讓信念引導你吧。

第3章

家庭有多樣面貌：緊密或疏離

孩子一開始都是愛父母的；長大了一點之後他們也愛，之後他們會開始批判父母，有時候則會諒解父母。

——王爾德（Oscar Wilde），《格雷的畫像》（*Dorian Gray*）

親與子

做父母的如果有超過一個以上的孩子，當你問：「你最喜歡哪個孩子？」他們會大力抗議說：「我沒有最喜歡的，我公平地愛他們每一個。」做父母的或許能公平分配他們的愛，比方說每個人都會得到一模一樣的毯子，把孩子包得暖暖的以抵禦寒冷，但是，喜歡哪一個孩子，是另一回事。一般人最喜歡的，是風格上最接近自己的那個小孩。理由很簡單：對父母來說，這種小孩很容易搞定。落在這把尺上另一個極端的小孩，就變成最難纏的那個小孩。

他一直是我們的痛點。學校一天到晚叫我去，真令人難堪。更糟糕的是，我還在家長協會的顧問諮議會裏頭任職。當我站起來發言時，我看得出每一個人都睜大雙眼看著我。我知道他們在想什麼，也看得出他們眼中的同情。在心裏，我可以感覺到自己一再縮小。到現在他長大了，還是沒有變。我一直聽到他太太抱怨，有時候她會說：「媽媽，難道妳什麼都沒教他嗎？」這個時候，我會聳聳肩說：「親愛的，現在換妳了；妳要做好妳的工作。」

另一位媽媽則說：

她一直和別人不一樣，我從來搞不懂她。我想，在我四個女兒當中，她是陰錯陽差從外太空誤入搖籃裏。她不是壞孩子，只是不一樣。她總是很高傲，她會說：「媽媽，我就是不想跟她們一起鬼混，她們只會談論男孩子和衣服，她們都不讀書。她們只會坐在那裏看電視，互相打打電話，不知所云。我不回答她們，因為我跟她們沒什麼好說的。我在想大學的事，她們擔心的卻是下一次的約會。」那她想要去哪裏？你猜得到。當然是前三名的大學。那誰要付錢？她認為她的成績可以拿到獎學金。到那時候，她一定比我們都高一等。

父母和子女之間的不同，不一定會隨著時間而化解。小時候為非作歹搞破壞的孩子，長大了仍會玩他的老把戲。學究型的小孩，長大後則會教父母完全沒聽過的文藝復興時代文學。

琳達不算特別美，但在她父母眼裏，她根本是埃及豔后的化身。雖然她嬌小而纖細，他們還是把她當成維納斯。她不會犯錯。十四歲時，她開始擦口紅。父親看著她說：「琳達，妳不需要口紅，妳不擦就很美了。我知道這不是妳的主意，是新朋友教妳的。她不是妳應該交的朋友。」「不，爸爸，是我想要的，真的。她不想擦，但我覺得我們應該試試。」爸爸微笑地看著她：「寶貝，妳可騙不了我。」然而，她的一生也就這樣被爸爸媽媽騙了；他們認為她完美到不能再完美了。

成人子女與父母

就讓我們往後快轉四十年。現在那一對養了一個難搞兒子的父母怎麼了？就像多數成年人一樣，他們也患上一、兩種慢性病，但他們不訴苦，很成功地過好自己的人生。雖然他們還不需要個人式的照護，但有時候還是要有個人「幫忙做點什麼」。「布萊恩，油漆工來過了，你能不能過來重新把畫掛上去？」「沒問題，我會過去。」但一天天過去，他一直沒出現，有一天，他終於來了。一進門，他就說要拿一些掛勾。他們看著他，問：「什麼掛勾？」他說：「我想你們這裏會有，我自己沒帶。」那些畫就這樣一直擱在地板上，直到他們請一位鄰居過來幫忙掛上。

那麼，那位「高傲」女兒的父母又怎麼了？她媽媽過世了，留下父親獨居。幾年前這位父親從泥水匠的工作退了下來，開始打牌，並和工會裏的好友一起聚聚。他的女兒們會輪流來看她。教授女兒過來時，他就得聽她上一堂課：「爸爸，我知道你是白手起家才有今天，但我很擔心你的未來。我認為你沒有獲得太多知性上的刺激。你真的應該得到更好的待遇，而不是你現在妥協的結果。」爸爸回答：「我就喜歡這樣子，而且我喜歡留在這裏。」那就這樣了。

家庭：和諧或爭吵

有些家庭會遭遇重重險阻，有些家庭則一路順利走下去，就像新鋪好的柏油路一樣暢行無阻。坎貝爾一家便是如此。史都華和依娃高中時候就是一對，兩人相遇、相戀，然後相守一生。他們兩個就像一對雙胞胎，會幫對方說完還沒講出來的話。他們互相照映出彼此，兩人的愛情就像是好萊塢的故事一樣。他們的三個女兒和三個兒子出生之後，這份愛也分了出去，而且每個人看來都得到了滿滿的愛。最重要的是，每一個孩子都被當成獨立的個體，他們特有的天份也受到尊重。當其中一個兒子流露出與生俱來的運動才華、想要成為一位體育作家時，父母鼓勵小男孩放手去做。二十年後，當他的名聲家喻戶曉時，他的父母親一點也不訝異，更以謙遜和自豪的態度接受了甜美的果實。

當女兒羅溫娜去學芭蕾舞並說她想要走舞蹈這一行時，大家都說：「可是妳太胖了；妳要先減重。」但羅溫娜和她父母都並未因此而受挫。二十多年後，她真的成為知名芭蕾舞團裏的舞者了。當朋友們和父母親一起來看她表演時，有人問她爸媽哪一個是羅溫娜，她媽媽說：「胖的那一個。你看看她多優雅。」其他的孩子也走出了自己的路，每一個都得到了父母的祝福。

對史都華和依娃來說，老化是一條平順的路。孩子們都結婚以後，他們選擇住進附近「活躍成人」社區裏一個比較小的房子裏，社區裏有高爾夫球場、俱樂部，還有充滿活力的社交環境。史都華熱愛高爾夫，依娃喜歡打橋牌及社交活動。他們兩人都喜歡到海外旅行，也花了很多時間和金錢買禮物給所有孫子們，並且和他們一同欣賞走訪世界各地的照片。這個家庭的老化過程猶如一首交響樂，所有的成員和諧地演出。

生活中沒有意外，一直到有一天早上史都華再也沒醒過來。之前沒有任何疾病的徵兆，判定的死因是嚴重的心臟病發作。在震驚之中，依娃要求她已成年的子女「不要管她」，一直到她能恢復並「回到原本的自我」為止。本著平日對母親的尊重，他們照辦了。

兩年後，依娃把子女們、他們的配偶以及年紀比較大的孫輩找來開一次家庭會議，她宣佈，她已經重新想過她的人生，她決定不應該再孤單地生活下去。她想要離開這裏，和孩子一起住，看誰最方便，一邊笑著說：「我愛你們每一個。」在短暫討論之後，大家都認同依娃和二女兒住是最好的了。平順的航程又再度揚帆。

雖然我們都聽過很多功能不彰的家庭，以及這些家庭在照顧父母這件事上經歷的憂慮不安，但事實是也有很多家庭機能完備，可以迎接挑戰。這些都不是晚間新聞會播報的煽情故事，但他們確實存在，而且，實際上，他們也是多數。

手足之間

家庭故事會一再重演。原有的關係不是修得正果，就是破裂惡化。之前沒有化解的問題，會隨著一年一年過去，有一天會再跑出來。孩子們帶著獨有的人格特質來到這個世界，父母親則做出他們的選擇。競爭可能從一開始就會出現。年長的孩子或許會被強加不符合他們年紀的責任。他會大喊：「每個人都不用做事，只有我例外！」一向被冷落的兒子，可能用事不關己的態度面對人生，覺得自己沒什麼價值，也無法讓任何人滿意，努力有什麼用呢？總是擔負重責大任的孩子可能會覺得沉重，但還是忍著把脾氣壓下來，想著：「為什麼我老是什麼事都得做？」習慣掌控一切、而且必要時父母就會出現的孩子，會成為別人眼中傲慢、自我中心、霸道、惡劣的人，而且不管做什麼都會遭到他人抗拒。熱情過頭的孩子可能會明顯展現出想要引人注意的行為，基本上他們是在呼喊：「不管是誰，看看我吧。我值不值得你們注意？有沒有人要看看我？」以其他兄弟姊妹的心情來說，最受寵的孩子一輩子受寵，永遠讓人羨慕與憤怒。

派蒂的故事：什麼都得做的負責任女兒

派蒂是長女。五歲時，媽媽就要她去街角的商店買東西，因為她相信女兒一定會買對食物、找對錢回來。派蒂是「超級女兒」，她辦到了。這一路上，她注意到其他的朋友都在玩，當他們要她一起去玩時，她說：「媽媽叫我去買東西，我不能玩。」內心深處，她很失望，因為她想玩卻不能玩。離家讀大學時，身為家中四個小孩中的大姐，她有天晚上接到電話，說家裏有急事，叫她一定要回家。她媽媽摔倒了，傷到背，她要派蒂回來陪她、安慰她。實際上，這次的傷並不嚴重。然而，她一輩子都陷入「派蒂辦得到」的模式當中了，這不過是其中一個例子而已。

三十年後，她媽媽決定搬家，選擇住在派蒂家的附近。「這樣一來，我女兒就離我很近，可以開車載我到處去。現在的我已經老到無法開車了，但她可以開。」媽媽完全沒想過派蒂有丈夫、有青春期的兒女，還有一份教職。派蒂的父親在搬家後不久就過世了，派蒂現在得概括承受母親所有的突發奇想。當她要求兄弟姊妹幫忙時，不斷上演的劇情就是：「不可能，我連現在手邊的事都做不完了。」當她反問說：「那我又為什麼可以呢？」他們會說：「妳一向都很能幹，有什麼問題嗎？」

最後，媽媽病了，需要住進安養院。只有派蒂會固定來看她，其他人則是偶爾才會出現，轉個身又走了。媽媽過世時，派蒂一手包辦治喪事宜，還必須和母親家中的一團混亂奮戰。諷刺的是，這棟房產已經平均地分給四個兄弟姊妹。每個人都預期這樣的安排會讓派蒂冒火，但她從容應付。她只把真正的感受留給自己，只有獨處時她才會卸下「公關面具」。這家人的關係是否會隨著母親過世而有所改變？

熟成

熟成一詞，一般用在酒、起司或牛肉這類物品上。但人也會熟成。人會隨著年齡而變得溫和，稜角也會磨平。每一個家庭都是一套系統，同樣會熟成。派蒂的媽媽如今已經不在了，無法再掌控她了，這對整個家造成強烈的影響，他們這個家庭系統不再一觸即發。

派蒂如今可以騰出心力來修補手足之情，建立起更多正面的關係。結果不會在一夕之間出現。她的手足過去都用力把她排擠在小圈圈之外，她現在必須用同樣多的力氣讓自己回去。靠著拿出過去的某些法寶，她辦到了。比方說，身為一位有經驗的教師，她有能力指導某些姪甥的功課。此舉大獲讚賞，也變成打入手足圈的新管道。身為才華洋溢的鋼琴家，她開始在家庭聚會中製造歡樂。熟成要花時間。

夏洛特的故事：責任心強的女兒

當家庭關係的主調變成角力時，年邁的父母在這場賽局中會變成棄兵敗卒。這一家有三個兒子和三個女兒，夏洛特在六個小孩中排行老四，但是在這個家裏，動態並不像男女性別比這麼平均。她住家裏，和年老體衰、事事依賴的父母一起；這是她的選擇，當她知道他們需要時，她就回來了。她有四個兄弟姊妹住在爸媽家附近，路程都不到二十分鐘，另一個則住在短程飛行即可到達的地方。這個家四分五裂，各分東西，大家從不聚在一起。比方說，假日時，大部分的人都做自己的事，夏洛特和爸媽則沒有什麼特別的安排。沒有人明確表現過憤怒，也沒有流露出其他情緒。在他們各自組成的小家庭之間或許有交流，但在整個家庭結構當中，幾乎沒有溝通這回事。

如果我們深入表象，就會看到很多東西浮出來，而且不只是舊怨而已。這家的爸爸幾乎一輩子都在毒品和酒精裏打滾，嚴重衝擊這一家，丟臉和羞辱已是家常便飯。這家的媽媽表面上和所有美式家庭的媽媽一樣，但她一直假裝沒什麼大不了的。面對這樣的虛偽，其中一個兒子患上了精神疾病，一個女兒也染上了癮頭。雖然每一個人看起來都還算光鮮亮麗，但沒有任何一個孩子真正在專業上發揮潛能。

夏洛特一肩扛起照料父母的工作，她的兄弟姊妹全都不負責任，卻對她懷著深深的憎惡。即便事實完全相反，但手足們甚至會暗指她是白吃白喝佔便宜的那一個。現實中，夏洛特之所以做這一切，只是出於責任感。隨著時間過去，這家人之間早已經嚴重惡化的關係，品質更是不斷低落。

年紀並沒有善待他們，就像他們沒有善待年紀一樣。在這一點上，至少大家都同意。在這個家裏，不可能有熟成這回事。在父母親都過世之後，這個家分崩離析，大家各走各的路。如果說有誰是平靜的，就只剩夏洛特了。她已經做了該做的事。對她而言，這就是人生的意義。

不同的家庭結構

家庭已經不再是由爸爸、媽媽、小孩和狗組成的單位了。有一半的婚姻都以離婚收場，因此我們有很多鬆散的、或重新維繫的家庭結構。在這當中尤其要提的是單親爸爸或媽媽，他們獨自扛起了家庭的責任。回到我們之前提到的派蒂的故事，想像一下，她不僅承擔起照顧父母的責任，如果她還是一個單親媽媽，以及家中唯一的經濟來源，那會是什麼情況？你會說：「那實在不可能，辦不到的啦。」但還是有這種例子。事實上，單親爸爸或媽媽同樣也是夾在跨世代的三明治當中。

葛瑞絲的故事：一再延長有效期限的女兒

葛瑞絲三十歲，從事行政助理的工作，也是兩個小孩的媽，和她六十歲的媽媽一起住在一棟舒適的房子裏。她媽媽的健康亮起紅燈，住進了醫院。在經過緊急治療之後，她被轉送到安養院復健。葛瑞絲的媽媽從沒溫柔過，病後仍延續過去獨斷的作風，把電話當成她的遙控器。每當她想要什麼、需要什麼，她就拿起電話對女兒下命令。葛瑞絲抱怨過，但還是屈服於母親的期望。隨著時間過去，她的心願也越來越不合理。如果葛瑞絲無法立即回應，她媽媽就會打電話給別人提出同樣的要求，讓葛瑞絲對於自己無法隨傳隨到而倍感愧疚。

要有旁人提點，葛瑞絲才會想起自己還有一份全職工作、兩個孩子，而她的親媽媽還不時會踩過界，無理取鬧。就像一位好朋友對她說的：「葛瑞絲，聽好了，如果用花生醬果醬三明治作比喻，妳像是裏面的果醬，一直溢出來、流出來。妳要學學花生醬，硬起來，堅守立場。」對葛瑞絲來說，這是一項艱鉅的挑戰，但她得努力去做。

當混合家庭無法融合時

妙瑞兒和戴夫的個人風格雖然不完全一樣，但兩人看來相處融洽。他們倆都是再婚。戴夫是一位成功的商業人士，向來出手闊綽，花在幫助家裏、購車、購船以及海外旅遊毫不手軟。兩人在社交上都很活躍，交遊廣闊。兩邊的孩子似乎也處得很好，共度各種家庭節日。他們的生活中處處有彩虹，但之後卻來了一場風暴。

某一天，戴夫因為心臟病發而倒下了，因此必須住院。動了一場大手術之後，他可以出院回家了。但最後的結果卻不如他們希望的那麼圓滿，醫生告訴妙瑞兒說戴夫需要長期的照護，她要負責監督與協調。走到這個地步，在她內心湧起同樣強烈愧疚感的同時，她也覺得自己被綁住了：「我當初並不希望是這樣。基本上，我辦不到。我還得照顧自己。他有小孩，他們現在有能力接手了。而我年輕時已經照顧過一個丈夫，我不想看到歷史重演。夠了。」

妙瑞兒有一種強烈的感覺，戴夫的孩子們不會因為有她在而袖手旁觀。他召開一次家庭會議，堅持他應該和他的其中一個孩子住。他們接下責任了。也還好，他們沒有針對財務或財物起爭論。可以預見的是，以後不再有聯合的家庭活動了。說到底，就算是果汁機，也只能把能融合在一起的食材融合在一起。

同性家庭

布蘭妲和亞莉珊卓大學時就彼此吸引，很快地明白她們之間的關係不只是友誼而已。保密了好長一段時間之後，她們決定出櫃。這表示她們可以對朋友們公開了，但父母親那一關怎麼辦？兩邊的父母都是好人，但說到要接受自己的女兒是同性戀，他們會很猶豫。「寶貝，妳是說真的嗎？妳未來會因為這樣而很辛苦呢。妳難道一點都不想結婚生子嗎？我們好想抱孫子，我們一定會是很棒的爺爺奶奶。」對布蘭妲和亞莉珊卓而言，不管誰說什麼都沒用。她們彼此相愛，這是她們的人生，她們打算完整地去過。

多年後，兩邊的父母都軟化了。如今他們更老了，也變成了好友，可以一起接受兩個女兒相戀的事了。布蘭妲和亞莉珊卓受邀參加所有的活動與度假，兩家人也一起歡度節日。在她們三十五、六歲時，兩人盼著成為母親，於是領養了一個雙方父母都很樂於接受的嬰兒，取名為貝拉。布蘭妲的母親說：「我記得我在大學的法文課裏學過，這個名字代表美麗，她也真的很美麗。」

幾年後，已經長大成人的孫女貝拉已經訂婚，準備要嫁給大學時代的男友，同時也是協助照顧年邁祖父母的幫手。她、她的未婚夫和她的兩個媽媽一再地確保老人家的需求都能滿足，經常過來探望他們，而且永遠都會幫忙。這是出於心甘情願和滿滿的愛。對這個家族來說，萬事圓滿。

隔代教養

妳盡力了。妳和丈夫的婚姻美滿，孩子們也都很不錯。兒子結婚了，媳婦看來是出身於好家庭的好女孩。妳和親家經常一起共進晚餐，一切看起來都很順利。三個孫子從托兒所畢業了，進了小學，之後炸彈卻炸了開來。他們的律師對妳說：「妳的兒子媳婦被捉到販毒。他們現在在牢裏，我認為他們的處境很艱難，妳最好到城裏來一趟。」妳摸不著頭緒，這怎麼有可能？我們什麼地方出了錯？這究竟是一場惡夢，還是殘酷的現實？

他們被判重刑，因為後來證明他們是大型毒品集團裏的重要人物。突然之間，妳和丈夫這兩個六十多歲的退休教師，要接手照顧三個孫子，他們才八歲、十一歲和十三歲。第一度為人父母並不算太難，但現在的妳卻是在意外之下要重作馮婦。還有另一件事讓妳的三明治又疊上另一層，那就是你們還有一個八十八歲的媽媽住在安養院，之前妳經常會去探視她。

雖然你的第一本能是逃跑，但妳知道妳不能這樣，甚至，妳還要應付已經碎成千萬片的人生。妳做夢都沒想到會發生這種事，但妳要活下去。不管怎樣，妳都會撐過去。靠著身為祖父母的堅毅，這個家將會有新的架構，人生也將會繼續。

四代同堂的高齡家庭

在這棟有兩個家庭的房子裏住著四代人：身為父母的女兒、女婿和兩個孫子一家住樓上，祖母和曾祖母同住樓下。女兒是全職的職業婦女，她殘障的丈夫則待在家裏。這一家看來有點奇特，七十三歲的祖母患有中重度的阿茲海默症，九十四歲的曾祖母卻精明得很，可以告訴妳今天、昨天或之前發生了哪些事，而且鉅細靡遺。她也負責所有的採買與烹飪工作，還負責照顧家裏其他兩人。

在某個冰天雪地的日子裏，曾祖母摔倒了，在濕滑的冰雪地上摔斷髖部。她沒有在正常的時間從市場回到家，她的孫女婿開始擔心了。警察沒多久就來敲門：「你的祖母在醫院裏。」這個家就此墜入危機。主要的支柱少了一根，家中的平衡被打破，現在曾祖母反而需要人照料了。誰是指定照護人？沒有人。這一家在這次重大變故中分崩離析。女婿有冠狀動脈肥大的問題，過世了。祖母必須被安置到一家安養院，曾祖母則被送到一家復健機構。新寡且心力交瘁的女兒，想盡辦法每天去上班以保住飯碗。兩個正值上大學年紀的孫子在外地讀書，雖然他們也很關心，但大家還是要他們把書讀完。

這個家裏的人彼此關心，也給對方溫暖，是向心力很強的一個家。但是，當環境變化，其中一條重要環節斷了，整個家就像骨牌一樣傾頹了。曾祖母是讓整個三明治結合起來的填料。沒了她，整個三明治就散了。

晚婚家庭

我要去找我的婚紗。一定要是純白的白紗，還要有長長的裙擺，頭上要有皇冠，並且要附上若隱若現的頭紗。我的朋友認為我瘋了，但我非常清醒。你看，我六十二歲，而這是我的第一場婚禮。他結過兩次婚，但沒有小孩。他為我瘋狂，而且比我小十歲。我們從沒討論過年紀。

喬依欣喜若狂，但也不無顧慮。所有的情緒，都來自她和八十七歲母親的對話。「親愛的，我非常、非常替妳開心。說真的，我已經放棄了。妳一再、一再的約會，但總是沒有結果。如今妳終於找到真愛了。但是，寶貝，妳知道我一向對妳直話直說。你是我的獨生女，對我來說非常寶貝，可是現在我很擔心，妳要有新的丈夫和新的人生了。我還會再見到妳嗎？」她的母親很努力地忍著，但淚水終究滑落臉頰。喬依一再地向媽媽保證：

媽，聽我說，麥克斯很清楚妳的事。雖然他只跟妳見過幾次面，但他很喜歡妳。妳是我人生中的一部分，我也是妳人生中的一部分。他說，當妳坐著輪椅來參加婚禮時，他會推妳走紅毯，妳會是我們婚禮中很重要的角色。所以，媽，妳不會失去一個女兒，反而會多一個兒子。

當家庭關係很緊密時，這些關係是很深刻的，而且一直都會是如此。這就像是只有單片麵包的三明治一樣，非常美味。

家庭史無法重寫，你就是你，父母就是父母。他們養了一輩子的個性改變不了，他們和每個孩子（包括你在內）的相處經驗也無法改寫。但是，藉由愛、理解和關懷，他們的態度和觀點某種程度上是可以改變的，你的也是。搖一搖家庭萬花筒，可以打開你的眼界，給你新的觀點和體驗。了解父母與你自己，可以為你鋪出邁向黃金暮年的康莊大道。

第4章

評估你的狀況

執拗難馴的老年
與青春豈可共存
青春充滿快意
老年充滿憂慮

——莎士比亞

要照顧另一個人絕不是件輕鬆的事，就算一切順利時亦然。但生命裏總有幾段避無可避的時刻。諷刺的是，當長輩需要更多支援的時候，通常也是你人生最複雜、責任最重大的時刻。

你可能已經和家中長輩共度一次又一次的危機，每一回都盼望這次是個獨立事件，能在不知不覺中就撐過去了。但現實並非如此。有些問題就是會一直存在，甚至更加嚴重。當理想中的黃金歲月隨著時間流逝而蒙塵，嚴苛的現實也將隨之出現。現在，該好好評估一下了。

改變

你注意到，某些變化隨著老化而來。有些來得早一點，有些則晚一點。有些是漸漸地出現，但不至於失控——有些則令人措手不及。可惜，這些都沒有制式的時間表。你的阿姨可能早衰，爸爸和媽媽則老得慢，也可能完全相反。其中的差異很大，和每一個人都不同的道理是一樣的。

老化造成的最明顯可見的變化，可能是皺紋。但很重要的是要了解，每個人的身體會以自己的節奏因著老化而改變。改變會發生在視力、聽力、腦部功能、心臟、骨骼等等。舉例來說，滿臉皺紋的八十歲長者，外表和年齡相當，但或許其中一眼還保有比實際年齡年輕五十歲的正常視力，其他部分則出現退化。除了「正常」的老化之外，有人也會開始生病，有時候是慢性的，有時候是急性的，有時很明顯，有時細微難辨。而我們可以確定的是，一定會有所變化。你能做什麼？沒有人有可以預知未來的水晶球，我們能採取的最佳行動，就是看著長輩，看看他們的變化：他們過去的樣子以及現在的樣子，或者，如今已經不復見的模樣。

了解親人目前的狀況

雖然你可能認識長輩很久很久了，你自認對他們瞭若指掌，但某些變化你很容易就忽略了。第一件要做的事，就是要收集資訊、了解親人「目前」的狀況（請見表4-1）。若你的親人因為急症（忽然發作）或慢性病（如肺氣腫或糖尿病）突然惡化而住院，主治醫師是很好的第一手資訊來源。如果你的親人因為（持續性）慢性病或慢性病突然發作而在家休養，主治醫師也是很好的第一聯繫對象。但是，有些長輩很抗拒看病，要帶

表4-1　審慎評估親人「目前」的狀況

診斷	親人的診斷結果如何？是否需要進一步檢查？
預後	親人可恢復功能／康復的機率有多高？
治療方式	選項、風險、益處與替代方案
後續照護需求	若需住院或住進亞急性（subacute）病房，之後能否返家？若可在家休養，需要哪些照護？
其他考量	社交、心理、財務與法律問題

他們出門去看醫生，比什麼都難。還有些長輩，會否認或隱瞞自己有病，不希望你知道太多。

你需要的不光是醫療資訊，也應該包括長輩的社交、心理、情緒、財務、法律與環境因素。重點在於親人現在如何過生活。條件會改變，人也一樣。長輩去年、上個月或甚至是昨天的需要，跟今天的可能完全不一樣。必須謹慎且持續地進行觀察及收集資訊。你從中悟出的心得，將會是照護規劃的基礎。

急症

急症（acute illness）很常見。沒有任何事先警示，一切就這麼改變了。以蘿絲瑪麗一家人來說，憂鬱症奪走了他們熟悉的妻子與母親。在短短的時間裏，情況從「還好」到「不是太糟」，然後再轉為「非常嚴重」。在看到病況嚴重惡化時，他們必須迅速採取行動。

蘿絲瑪麗的憂鬱症

蘿絲瑪麗是一位美麗絕倫的女性。她一向超級敏感，而且非常專注在維持自己的外貌。她和湯尼結縭多年，養大了兩個女兒和一個兒子。未婚的女兒莉莉安是一位老師，選擇住在家裏。湯尼在家裏的角色大致上是被動、負責讚美的旁觀者，莉莉安和手足通常會負責解決家裏的問題。媽媽不喜歡她，也從來不猶豫地明白告訴她，即便如此，莉莉安還是一個盡心盡力的女兒，她覺得她需要為父母和兄弟姊妹著想。

身為家庭主婦，蘿絲瑪麗樂於打理家務和自己。她花很多時間打扮，每天散步，去健身房運動，去上舞蹈課，也定期到美容院報到。她大量閱讀美容時尚資訊，也盯著所有相關的電視節目。日子就這麼一天過一天。在沒有任何事前警告之下，突然出現天翻地覆的改變。現在蘿絲瑪麗七十出頭了，她變得避世而疏離。「看看我，」她說，「我的皮膚皺巴巴，我的雙眼再也不像過去那麼閃亮，還有我的胸部——算了，別提了，根本就像是在鍋子裏放到乾掉的兩塊煎餅。那還有什麼用？」

當家人建議她去做美容或整形手術時，她一副被嚇到的樣子，變得更不想和人來往。她常哭泣，自己坐在角落裏，瞪著鏡子看。她的身體日常功能出現急遽的退化，也幾乎完全不吃不喝。不管家人好說歹說、拼命懇求，都無法改變她的行為，也無法說服她尋求專業協助。

她最後被帶往醫院，醫生判定她在醫學上並沒有生病，蘿絲瑪麗因此被送往精神科病房。她在那裏同樣不吃不喝，不肯吃藥，也不參加團體治療或活動；她也還是不跟任何人說話，更不讓別人跟她說話。院方人員回報，她就是一直坐著，面無表情，盯著鏡子一看就好幾個鐘頭。當被問到：「媽，妳想要什麼？」時，她的答案是：「我想死。」湯尼仍舊帶著滿懷的真心去探望蘿絲瑪麗，並祈禱她會好轉，但在做決策時他還是聽孩子們的意見。莉莉安會徵詢她的手足，然後帶頭做事。

了解事實

如果你是莉莉安，你要如何評估這件事？你最初的想法可能是這樣：「這種情況會持續多久？會造成多嚴重的傷害？為什麼會這樣？在這之前她從來沒說過想死這種話。」一開始，莉莉安先和蘿絲瑪麗的精神科醫師以及醫院醫療團隊中其他成員對談。她的診斷結果是什麼？起因是什麼？有沒有任何徵兆，讓我們可以早一點看出問題並採取行動？現在我們能做什麼？

治療方式的選項

醫生說：「你母親患有嚴重的臨床憂鬱症（clinical depression），並且出現精神病的病徵。」你問：「她真的想死嗎？要怎麼治療她？她會不會真的活活把自己餓死？可不可以透過靜脈注射或餵食管，強迫餵食她？如果她不肯自己服藥，可不可以用注射？有哪些其他的治療方法？」醫療團隊解釋，強迫餵食或給藥會有法律問題，但他們也很擔心時間快來不及了，因為她已經開始出現脫水和營養不良。他們指出，用藥要花一段時間才會有效果，建議你採用一種比較快而且比較有效的技術：電療（electroconvulsive therapy，簡稱ECT）。

蘿絲瑪麗的家人都很震驚，馬上舉雙手反對。「電療會讓她變成植物人，再也不會和以前一樣了。這不是我們想聽到的答案。」醫療團隊盡力安撫家屬，解釋電療法一直被冠以惡名，但實際上，當時效是重要考量時，這是一種很有效的治療方法。「如能接受這種療法，你們的母親會比較有機會復原。我們不能保證，但通常都會有好結果。我們會盡力而為。」他們提供了一些文獻供家屬參考，讓家屬決定是否同意接受治療。接下來的問題更多了：「她復原的機率有多高？她要在醫院住多久？」在考慮片刻之後，身為丈夫的湯尼在法律上是蘿絲瑪麗的近親，簽下了同意書。

蘿絲瑪麗接下來會怎樣？這一家人提出了更多問題：「她能不能有幾天回家跟我們住？一定要到另一家醫院才有這些資源嗎？或者，我們需不需要找安養院？她還很年輕。」醫療團隊說明治療結果會有不確定因素，但認為家屬同意接受電療是正面的第一步。在蘿絲瑪麗接受三次電療之後，當莉莉安來探望她時，她要莉莉安帶梳子、鏡子和口紅過來。這讓莉莉安和全家人燃起一線希望。醫療團隊也看到了改變，但仍慎重表示一切都還是未定之天。

面對不確定，莉莉安想了很多。

我要如何忠於自我、但又同時去做我認為對的事？如果媽媽回家，從一方面來說，這沒問題，我可以應付得了。但是，如果她必須去住安養院，我可能會滿心愧疚。我了解自己，這樣一來我會吃不下睡不著，過得像行屍走肉一般。我認為我父親也會受不了，這讓我更愧疚。令人驚訝的是，我們居然沒有人在事前看出這麼劇烈的改變。我們完全不知道事情會嚴重到這個地步，真是的！

憂鬱症：一種精神疾病

臨床憂鬱症不只是偶爾覺得難過或「憂鬱」；這是一種會持續下去而且很強烈的嚴重疾病，可能會造成生命威脅。憂鬱症的嚴重程度差異很大，而且並非所有憂鬱症病患都和蘿絲瑪麗一樣。會出現的病徵包括生理上的不適，最常見的如失眠、疲勞、沒胃口、昏昏欲睡、疼痛，以及各種先入為主地認為身體有毛病的想法或感覺。外人可能會看到情緒上的變化，如悲傷、哭泣、無望以及一般性的悶悶不樂。但是，當有人問起時，長輩通常又會把焦點放在生理問題上。實際上，長者自己很少說自己患有憂鬱症，正式與非正式的照護者也不太看得出來，接受專業醫療的更是少數。

憂鬱症患者隱沒在黑暗的角落裏，放棄了一切。他們常常覺得人生沒給他們什麼，沒興趣參加他們過去喜愛的活動，更深信沒有人真的關心他們。更不幸的是，有些人轉而自殘。你一定要知道，憂鬱症可能會造成自殺這種致命結果。病患可能明示或暗示自殺的念頭。以蘿絲瑪麗為例，當她開始完全不在乎自己時，就不時地說出：「我想死。」如果對方真的把想要自殺的話說出口，不管是多麼不經意地脫口而出，請認真看待。還有，要因應長輩不知不喝以及其他的自我放棄行為。

會導致長者患上憂鬱症的風險因素，和年輕人的情況很類似，就是女性、未婚、喪偶和身處壓力之中，還有社會支援不足。在年輕人身上，最常見的共同因素是個性缺失和濫用藥物酒精等等；而在年長者身上，都有疾病纏身則是明顯的特徵。睡眠失調、先入為主認為身體有問題、無法集中注意力、把焦點放在死亡一事上、焦慮以及悲觀等等，可能和生理疾病的徵狀也剛好一致，因此，醫療專業人士常忽略了憂鬱症的信號或不當一回事，認為這是老化的「正常現象」。對於已經生病的長輩來說，憂鬱症更是「禍不單行」。此外，憂鬱症可能會假裝成癡呆或看起來像是癡呆，讓人更看不清實際的情況。

憂鬱症的範疇

研究證明，憂鬱症有很多不同的種類。除了致病的心理問題之外，包括失落感、生理因素等，也常常導致憂鬱症。有些人在一生中會出現斷斷續續的憂鬱症，有些人則是在晚年時才得了憂鬱症，通常都是伴隨著重大的人生變化而來，比方說喪偶或失去親朋密友、喪失如視力、聽力、行動能力、性能力等等生理機能、失去事業的同時也失去地位和收入、失去熟悉的住所或者是濫用藥物酒精的結果。憂鬱性失調可能引發或助長生理疾病，反之，生理疾病如心臟病、中風、帕金森氏症與癌症等，也可能引發或助長憂鬱症。每一個問題都會讓情況更複雜，更難從另一種疾病當中康復。

不可否認，家庭是一個組成單位，若其中有一個鬱鬱不樂的受照護者，整個家也會因為其負面行為、無助與無望而深受影響。但因為有你，光是你能陪在他身邊，就足以對抗憂鬱症所帶來的失落感。而且，身為照護者的你，可以成為大力促成病人接受治療的那個人，拯救親人逃離上述令人受罪的「情緒深淵」。

治療憂鬱症

憂鬱症是可以治療的。目前已經有各種不同的生理與心理療法，有些人用過蘿絲瑪麗接受的電療法，有些人則接受藥物治療或不同形式的諮商。目前已經知道，把這些干預性治療組合在一起的綜合療法最為有效。接受藥物治療的話，可以服用抗憂鬱藥物，或者其他短期、必要時也可長期服用的藥物，以治療失眠、焦慮或同時處理這兩種症狀。諮商可以用新的架構來解析病患的負面思考，諮商有短期也有長期，都有機會成功。在諮商人員的許可之下，照護者若能偶爾加入諮商，藉此了解如何面對患有憂鬱症的長輩，他們也會發現自己從中受益良多。運動、瑜伽、太極、針灸、按摩、舞蹈律動、散步、興趣嗜好以及讓人身心愉悅的活動，也能帶來額外效益。

以蘿絲瑪麗為例，急性憂鬱症可能讓你的生活天翻地覆。這會衝擊到整個家庭。蘿絲瑪麗本身罹患的就是精神疾病，然而，以年長者來說，生理疾病則是比較常見的憂鬱症起因。

中風：導致失能的首要因素

當腦中有某個部分血液供應不足時，就會發生中風。有些中風會致命，有些會留下嚴重的失能後遺症，有些則是連病患自己都沒察覺。中風的嚴重程度，要看受影響的究竟是腦部的哪一塊，以及有多少組織因此受損。多數人都可以活著撐過中風，得以恢復部分或全部機能。通常需要大量的復健與照護服務。雖然社會大眾越來越重視預防中風，控制危險因素如高血壓與心臟異常等等，但中風仍是造成死亡與失能的元兇。

馬修的故事：因為中風而失能的受害者

馬修是一位七十二歲的律師，吃完午餐回來之後覺得有點頭暈。「我剛剛到底吃了什麼？蝦子看來沒問題，冰茶也沒事。那我現在為什麼會覺得怪怪的？我的腦袋變得好像不是我的了。」之後，他感到右手臂一陣刺痛。馬修還來不及呼叫祕書，就已經站不住了，話也說不清楚了。祕書趕緊叫來醫務人員。他們抵達時，馬上就看出現在是什麼情形：中風。馬修很快被送到醫院，他的右半邊癱瘓了，語言能力也受到影響。在最初的四十八小時，沒有人知道預後究竟會如何。馬修活力無窮的妻子海倫今年六十八歲，接到通知以後馬上衝到他的床邊。他們膝下無子，於是她通知了馬修的弟弟兼事務所的合夥人鮑伯。

海倫和鮑伯滿腦子疑問：「為什麼這麼活躍、顯然非常健康的人會中風？有沒有哪些徵兆是我們本來事前可以先注意到的？他完全康復的機率有多高？之後他需要哪些照護？」醫師逐一回答這些問題。

留院一星期之後，醫療團隊建議馬修轉到復健機構做物理治療、語言治療和認知治療，並接受養護照護。他們解釋，可供復健的單位包括：專業的復健機構、亞急性病症醫療院所、安養院（專業安養機構）的亞急性病症病房、亞急性病症醫療院所裏的「轉送病床」，以及自己家裏。醫師建議馬修首先需要專業機構的過渡性照護，之後他就可以返家；回家是海倫和馬修偏愛的選項。出院規劃人員給了海倫一份機構清單。

如何選擇復健機構

海倫心煩意亂，不知道如何從院方提供的建議當中做選擇。海倫可以問問馬修的主治醫師，查閱網路，並且詢問親友。一旦她把選項縮小到少數幾家機構，就可以親自去探訪看看。應該考量的因素有很多，包括是否能獲得必要的照護、該機構是否方便進出、以及品質如何（請見表4-2）。

就算是暫時性的，但需要把丈夫送進安養院的這個想法讓海倫感到混亂而且害怕，他接受了鮑伯的建議，在他的支持下繼續進行。她應該找什麼？要看的是醫療院所的乾淨整潔、病患的儀容外表、員工病患比率、員工回應病患需求的速度、每天實際提供的復健時數，以及員工如何因應她的來訪和她所提的問題。她應該要能感受到院方歡迎她來，而且以尊重相待。如果馬修突然之間要求轉院，有哪些聯盟院所可供選擇？最後但也是最重要的是，誰來買單？

表4-2 針對復健與長期照護，選擇安養院時的考量條件

電話訪談／網路資訊／地圖

一、是否可獲得必要的服務（職能治療、物理治療、語言治療、認知治療等等）？不同的機構提供的服務頻率和程度可能也不同。如果病患需要的話，這些機構能否在機構內執行靜脈注射？

二、若病患有加入「管理醫護保險方案」（managed care plan），請準備好聯邦政府醫療保險（Medicare）或州政府醫療保險（Medicaid）憑證（譯注：這兩種都是美國政府機構的相關保險補助方案，後面會有其他說明），或者和保險公司聯繫。這些保險將會決定除了自掏腰包之外，你還有哪些資金來源可支付醫療費用。

三、是否方便照護者前往探視？離家越近越好。

四、品質：可參考安養院檢核報告（www.nursinghomecompare.com）、洽詢政府的醫療衛生部門、或請教親朋好友。

五、如果親人要求更換醫院，有沒有其他聯盟院所或可供轉診的醫院。

六、列出機構裏有哪些醫師。

親訪／觀察

一、觀察環境／舒適度／清潔度／病患的儀容打扮。

二、院所的員工配置：每位病患每一班配有多少照護人員？員工人數是一個指標，但認真程度及是否能快速回應要求與召喚鈴，是更重要的指標。

三、員工的態度與行為舉止。請觀察以下幾點：他們是否友善禮貌？他們是否接受你的提問？

四、活動：院所能否提供一些你的親人會喜歡的活動？

五、品質：看看院所最近的檢核報告結果。

六、同訪家人：他們是否滿意？問問看他們的意見。

支付入院復健的費用

雖然主要的費用由聯邦政府醫療保險支付，但這一家人還需要支付部分負擔（copayment；部分負擔是保險用語，指被保險人要和保險公司分攤的成本，詳細說明請見第十二章），金額則是要看他們有沒有其他保險，以及保險的內容為何。海倫必須要知道特定的醫療院所是否為聯邦政府醫療保險下的認證醫院（大部分都是）。醫療院所可以幫你估算部分負擔的大致金額，並預估病患可能的留院期間。能夠請領多高的醫療保險補助，取決於病患的病況和之後的進展。如果保險金用完了，病患就必須自費支付之後所有的住院費用，或者試著尋求州政府醫療保險或其他的長期照護福利。

居家照護的問題

馬修接下來會怎麼樣？當馬修出院回家之後又會發生什麼事？他自己能做的部分又有多少？他能安全地獨處，比方說兩小時、四小時嗎？還是完全不行？六十八歲的海倫，現在成為主要的照護者。她熱愛打高爾夫，更是活躍的俱樂部成員，如今能在哪裏發洩她的精力？雖然一切都改變了，但海倫仍設法保有自己的生活。她還是得刪掉一些活動，但聘用一位家庭醫療照護人員讓她能夠找到平衡，兼顧照顧丈夫和自己。她可以聘用全職的家庭照護人員，也可以請兼職的。在任何情況下，海倫和輔助照護人員都需要仔細觀察馬修，看看是否出現任何新的症狀或問題，然後和醫師一起追蹤。

馬修現在變成失能的人，他的居家環境也必須加以改造，以適應他不同的需求。比方說，如果臥室本來設在樓上，現在可能要搬到樓下。浴室呢？浴室的入口夠寬到讓輪椅出入嗎？他能不能搆到洗手台？他能不能沖澡，而且，夠不夠安全？出院前，應要求復健機構的員工來家中訪視，提出建議。以浴室為例，他們可能會建議裝設安全設施，例如在淋浴間及馬桶周圍設置安全扶手、淋浴椅、手持式蓮蓬頭以及加高的馬桶座。如果該院所無法提供這項服務，他們可能會推薦海倫尋求當地居家醫療保健計畫的協助。使用這類計畫可能要付費，但這是值得的，因為安全永遠是第一考量。

未來將會如何？失去任何一部分的語言能力，對於一位律師來說都是世界末日，可能會迫使馬修退休。退休將對他們的生活產生什麼影響？海倫能不能穩穩接下責任，在財務管理這部分承擔更多？若不行，她就需要尋求協助，他們的律師、會計師或財務規劃人員應該可助一臂之力。

海倫與馬修的人生都因此翻轉。為了能承擔起決策者與照護者這兩個額外的新角色，海倫必須尋求建議。過去她是全心奉獻的賢妻，如今她得踏入另一個新世界。她如何能面對？但她必須面對，她也真的做到了。

中風的嚴重度與密集度差異很大，結果也大不相同。病患需要的服務不同，而且每個人會做的選擇也不同。卡門的女兒奧麗薇亞的決定就不一樣。以卡門為例，她的中風很輕微，只要謹慎地改變生活方式，就能找到新朋友和新樂趣。

卡門的故事：輕度中風下的倖存者

卡門纖細靈巧，今年七十歲了，擔任教師助理，有一天下午回家時她覺得好「奇怪」，於是打電話給女兒奧麗薇亞，叫她過來看一看。奧麗薇亞抵達時，她注意到媽媽說話已經含糊不清了。她懷疑媽媽中風了，於是撥打緊急電話求救。卡門真的中風了，雖然病況輕微，但還是需要住院。

卡門是寡婦，在正面臨經濟衰退的市區一棟很普通的房子裏獨居。她開一輛舊車，但車況仍佳。她擁有一棟乾淨的小房子，貸款已經付清。她的工作給她額外的收入及醫療保險，保單內容很優惠，還包括給付處方藥。她完全獨立，積極參與教會活動。她和獨生女奧麗薇亞很親密，也和十歲的孫女依文潔麗卡相處融洽。

幾天後她出院，她開車的技術絲毫不受影響，但說話變得結結巴巴。她無法把話說完整。當她努力要說話時，整個句子變得零零碎碎。她的短期記憶力也受到輕微影響。腦部核磁共振攝影的檢查結果顯示，之前還發生過兩次不為人知的輕微中風。奧麗薇亞很擔心卡門的主治醫師一直放任她的高血壓，沒有好好控制，現在決定幫母親尋求更好的醫療照護。

卡門接下來會怎麼樣？出院時，卡門同意在接受語言治療期間住在奧麗薇亞那裏。她很想要回家自己一個人住，但是，專業的諮商人員判定，如果卡門無法講電話，不能把她的需求告訴其他人，那麼她在家獨處就不安全。語言治療只能恢復部分功能。專家建議，附近社區的協助性照護（assisted living）是另一個可行的選擇，家人朋友可以去探訪她，卡門也可以繼續參與教會活動。這樣一來，她能住進更安全的社區，而且不用負擔房子和車子。

憑著她手頭上的資金再加上售屋所得，已有足夠的資源可以住進協助性照護機構好幾年。奧麗薇亞事先訪查各機構，找到一家她認為媽媽住起來最舒服的地方。之後，奧麗薇亞、卡門和依文潔麗卡結伴，一起實地去看看。大家都很喜歡。

住進協助性照護機構之後，卡門遇到一位之前的同事，他們重新熱絡起來，也調適得非常好。她住在一間很大的無隔間公寓裏，裏面放了她的家具和紀念品，三餐在漂亮的餐廳裏用餐，有人來替她打掃及維護公寓，她的行事曆上畫滿了她參加的活動，她還開車上教會還有去看醫生。她按時服藥，並有護士監督她的健康狀況。家人朋友常常來看她。卡門說：「那有什麼不好？」

卡門雖然可以適應新環境，但奧麗薇亞很擔心要讓媽媽離開家。不管有多吸引人，要讓媽媽住進協助性照護機構，並不是容易的決定。她覺得很愧疚，因為她自己家裏沒有空房，而且她覺得卡門一定會孤零零的，一整天只有一個人在家，因為奧麗薇亞是全職的職業婦女。即使很焦慮，她還是用敏感與愛心完成了這次的改變，並經常去探望媽媽。她的經驗很正面，很鼓舞人心。她主動說了：「要是有誰說老化是在走下坡，應該來看看我媽媽。」

急性發作的慢性病

對其他人來說，艾拉人生的最後幾年可說是「走下坡」，但她自己不這麼想。她最想要的，是在家裏接受親人的照顧。她的價值觀、信念和偏好都很強烈，當她撐過截肢的創痛之後，多虧了親人的支持才讓她熬過復健，得以返家。家，是她唯一想要回去的地方。

艾拉：只想要家庭照護

七十歲的艾拉是長期的糖尿病患者，她和大家庭裏的親人合住，有兩個單身的女兒，和兩個孫子。寡居多年的艾拉，是家裏的大家長，掌管整個家。除了糖尿病之外，她還有腎臟病，一週要洗腎三次，她的腿也受到感染，導致一邊要切除。在醫院住了好一陣子之後，她又到復健機構待了一段時間。當她要出院回家時，從醫學角度來看，艾拉的病情很複雜，有許多因素需要評估，需要規劃。

艾拉的家是老房子，幾乎沒有無障礙設施。基本的變動如下：新建一條坡道，可從車庫進入屋內，並把門加寬，好讓輪椅進出；她的臥室門也加寬，以利輪椅出入，室內家具重新安排，衣櫃也加以修改，好讓她可以自己拿取衣物；浴室隔壁的房間打掉，加大浴室空間，建了一間輪椅可以直接「開進去」的淋浴間，並裝設椅子和扶手。廚房裏的餐桌也換掉了，讓她可以坐著輪椅直達餐桌旁，延續她一貫的風格，跟全家人一起用餐。

由於患有多種病症，她需要密切的監督與觀察，並定期回診，由她的女兒輪流帶她去看醫生。雖然她們很樂意照顧媽媽，但也知道她們無法光靠自家人完成這些工作，於是做了以下的安排：她們聘用一位家庭看護，協助日常照護工作。艾拉在附近的醫療院所洗腎，有醫療車接駁，同樣安排一星期洗腎三次。居家醫療機構也提供支援，為她的傷口提供護理服務、物理治療、職能治療及營養諮詢。傷口護理用品、糖尿病檢測用品、成人紙尿褲以及藥品等等，也安排親送到府的服務。

照顧艾拉的任務很複雜，也很昂貴。還好，她有資格同時申領聯邦政府醫療保險與州政府醫療保險的保險金。在家療養的她，會由聯邦政府醫療保險給付她的傷口護理以及其他技術性護理、治療、某些用品及洗腎的費用；州政府醫療保險則支付她的家庭照護助手費用、醫療交通費及某些醫療用品。

重要的是，她有一個運作順暢、提供支援而且樂於照料的家庭，家人就像一個團隊一般齊心合作，並對人生抱持相同的信念、價值觀與理解。大家都很辛苦，從未逃避照護責任，更以優雅和愉悅的心情來做所有的事。不用說，艾拉滿心感激自己能再度回家，「守」在她親愛的孫子們身邊。

長期演變的疾病

在某些時候，你有機會可以及早規劃，事先安排好你的期望和資源。當需求隨著時間過去而有變化時，可以順勢進行調整。桃樂西的情況便是如此。

桃樂西的故事：當生命中加入了失智症

桃樂西今年六十八，是一名寡婦，她和兒子尚恩、媳婦卡蘿共同經營一家咖啡店。她另一個兒子提姆是職業軍人，和他的家人住在海外。他們靠著電話和電子郵件聯絡，一年也會聚一次。桃樂西、尚恩和卡蘿努力工作，跟上最新的飲食喜好與風格（低碳、低脂、低卡），累積出一群忠實客戶。桃樂西負責點餐並擔任出納，尚恩和卡蘿則管理廚房及其他員工。有一天，尚恩和卡蘿開始注意到桃樂西的儀容有點不同，不是什麼大事，只是衣服上出現一些食物污漬，工作服皺巴巴的，她最喜歡的洋裝上也掉了幾顆釦子，珠寶首飾也不搭。他們認為，這是因為桃樂西最近重感冒發高燒之故。

之後，桃樂西開始說重複的話。她變得毫無耐性而且愛爭辯，有時候甚至很挑釁，和她原本的個性完全不同。孩子們聳聳肩，說：「沒什麼大不了的，以她的年紀來說，她算了不起了。」沒幾個月後，她變得有點糊塗了，常常找錯錢，而且問題開始越來越多。她的記憶力似乎已經開始衰退。

卡蘿擔心桃樂西有什麼問題，於是要求尚恩和他媽媽談談，並堅持一定要帶她去醫院檢查。桃樂西看了醫生，告訴大家說：「什麼檢查都做過了。」但問題一直都沒改善，卡蘿做了一些研究，在附近大城裏的醫院找到一家老化醫療中心，替桃樂西約診，做一次周全性老化評估（comprehensive geriatric assessment），並向桃樂西保證，一定會陪她一起去。

老化評估：這是什麼？

老化評估是一種針對老年人而做的評估，對於老化以及老年人特殊問題等領域，由受過訓練的專家團隊來評估。團隊裏的成員通常包括專攻老年醫學、神經學與精神病學的醫師、護理師、社工及心理學家。特別適合交由這類團隊評估的問題包括記憶力喪失、跌倒、失禁、服用多種藥物以及不同疾病之間的交互作用。請了解，雖然需求量很大，但不見得每一家醫療院所都有老年醫學專科。

桃樂西因為記憶力減退而求助這樣的團隊。在經過三次約診之後，她做完所有的身體檢查、實驗室研究，並替腦部攝影（核磁共振攝影），也和一位神經學家進行諮商，並做了神經心理學檢測。後來團隊召開了一次會議宣佈結果，並請桃樂西到場。結論是：「桃樂西患有阿茲海默症，現在還算輕微，但會隨著時間惡化。」醫師開立的處方藥可以延緩疾病演進的過程，但無力阻止或扭轉結果。團隊告訴桃樂西，說她很幸運及早診斷出問題，並強烈建議她和家人主動針對未來做計畫。桃樂西心想：「這到底算是好事還是壞事？」

這支團隊每三個月就和桃樂西會診一次，有必要的話也可以更常會診，以監督她的健康情形。他們提供了許多資源，包括阿茲海默症協會（Alzheimer's Association）、專業老人照護經理人與老年照護律師。桃樂西的情況很複雜，包括社交面、情緒面與財務面（她與他人共有咖啡店以及現在三代同堂居住的房子），還有法律面（她從來沒有任何代理人，也沒有任何書面文件指定她的醫療照護心願）。團隊建議這家人聘用一位專業的老人照護經理人，以協助他們從錯綜複雜的問題中理出頭緒，協調他們的規劃工作，並提供情感上的支持。這一家人很洩氣。他們從沒想過「阿茲海默症」這個詞也會發生在自家人身上。卡蘿開始湧出恐懼與焦慮：「尚恩以後也會這樣嗎？這對我們的小孩會有什麼影響？」

長期規劃

桃樂西與家人陷入風暴，必須保護自己不被必然到來的閃電給擊中。阿茲海默症是一種會逐漸惡化的疾病，但不同的病患惡化的速度也不同。了解這一點很重要，在規劃時也必須考量病患長期的健康狀況變化。

這一家人諮詢了一位老年照護經理人，請他協助他們進行規劃，也聘用一位律師和他們一起處理法律事務。家人知道桃樂西熱愛工作，於是他們鼓勵她繼續到店裏去，然後小心地注意她所犯的錯誤。而他們祖孫三代兩個家庭都住在一起，因此大家可以更加留意，因應任何需要立刻介入的情境。他們一步一步來。

史黛拉和喬治的故事：當生命自有安排

史黛拉和喬治都大概七十五、六歲，兩個人都很健康、活躍，而且他們的婚姻歷久彌新，兩人鶼鰈情深。他們有兩個兒子，約翰和泰瑞。約翰四十八歲，是一位業務經理，熱愛陽光和水上活動，幾年前和妻子蒂娜的一家人一起從紐約搬到佛羅里達。史黛拉和喬治這對父母則留在北方，做母親的史黛拉更俏皮地眨眨眼：「約翰啊，你知道的，佛羅里達太多老人了。」老二泰瑞則和妻子愛琳一起住在紐約市。

某天凌晨五點鐘，一陣尖銳的鈴聲大作。約翰不想吵醒蒂娜，一把抓起電話。「請問哪位？」他問。他幾乎聽不到電話那一頭隱隱約約的聲音。「請大聲一點好嗎？我聽不到，而且現在是早上五點鐘，你知道吧。」「抱歉。」電話那頭是他弟弟。「泰瑞，是你啊。」約翰輕聲說：「怎麼了？你還好嗎？」接下來的聲音，輕到不能再輕。「哥，」泰瑞低低地說，「爸爸過世了。」

約翰大叫：「喔，天啊！不可能。我昨天才跟他通過話，他還好好的啊！」泰瑞說：

我知道，但昨晚稍後，他就胸痛了。媽媽覺得那是因為他吃太飽了。但胸痛一直沒比較好，反而越來越痛、越來越痛。媽嚇壞了，她打電話給我，我打電話叫救護車。我在睡衣外面隨便套一件外套，就衝了過去。當我到那裏時，爸已經上救護車了，我和媽也一起跟著他去醫院。

警察、救護人員和醫生都很幫忙。我希望奇蹟出現，但並沒有。爸爸還沒到醫院就過世了。就像你劃一根火柴然後燒掉這麼快，他的靈魂就這樣離開了他的身體。

約翰一直沒說話，後來他聽到自己說：「這麼說，媽媽現在變成一個人了。」

喪偶

忽然之間喪偶，史黛拉現在覺得自己踏入一個新的世界，那裏只有未知、陌生，充滿了黑暗與不確定。她現在必須學著活下去。這並不是說她過去都只仰賴喬治，而是過去的生命中有一個她深愛的人，現在，有一部分的她也跟著不見了。

喪偶是一件讓人悲痛至極的大事，接著而來的，則是一段充滿悲悼與干擾的時期。哀悼通常會有幾種情緒反應：麻木、冷漠、渴望、傷痛、痛悔與愧疚，也會出現如失眠、疲憊等生理徵狀。當然，箇中差異極大，取決於每個人的特質以及人際關係的強度與親密度。出現情緒上與生理上反應的時間，也因人而異。

對兒子們來說，他們也很悲痛，他們也失去了父親。但是，他們必須繼續過日子。他們可能會想用某些特定的解決方案快速解決問題，比方說：「媽，來跟我一起住吧。」但是，剛剛喪偶的人需要自己的時間和空間，之後他們才能做出重大決定。以史黛拉來說，她想要怎麼樣過接下來的生活，是她的選擇。她可能想要住在目前住的地方，或是做出重大決定，比方說出國或搬到他處。

史黛拉正處於絕境，需要一點時間。此時不是做計畫的時候。泰瑞和約翰能做的，就是小心察覺她的感受，以同理心去傾聽，展現出真誠關心，並讓媽媽知道他們一直都在。

就像每個人生來就不同，我們的老去也不盡相同。長期下來，不同類型、規模的改變會出現，而且以不同的速度發生。變化可能逐漸發生在你身上，也可能一夕之間就要把你打倒，反正不必然是以直線性的方式演變，總會有高潮和低潮。老去沒有單一的劇本，沒有「一體適用」的情境。了解受照顧者以及他們的需求和反應，最為重要。然而，要了解你自己，才能讓整幅圖像完整。理解這些非常重要，可以幫助你保持清醒，好好活下去。

第5章

規劃：建立你的照護計畫

一旦你審慎評估了你親人的狀況，很快地在心裏有個底之後，現在你要面對的挑戰，是要規劃出一份更全面的藍圖，所有美好的與不那麼美好的都要納入。你已經找到了問題，並處理了短期的問題。現在，該發展出一套長期的藍圖了。就像預算一樣，這份計畫也只是一個大概，一份指引。重點是，要藉由預見問題來降低未來的危機，而不是被動地回應問題。

展開對話

展開對話是很好的開始。在理想狀況下，當你開始替未來做計畫時，一切都還沒有到無可挽回的地步，你也還能跟長輩討論他們自身的情況。如果虛心接納並積極參與，你就能把工作做好。有時候，你不需要太急；有時候，因為出現急迫的需求，使得規劃的時間必須縮短，比方說急病發作、或照護者的情況出現重大改變時。

召開家庭會議

家庭會議的目的，在於檢驗問題並尋找解決方案。如果長輩本人無法參加，你也可以在他不參加的情況下召開家庭會議。後勤支援、醫療、法律、心理以及財務因素都很重要，找到必要的專業人士來協助你，同樣重要。

舉行家庭會議可能會是一大挑戰。不是每一個家庭都能和睦共處。過去的衝突可能會因此浮上檯面，變成過程中的一大阻礙。札克和克勞戴對彼此的敵意一直到今天都還沒消退。

札克和克勞戴的故事：互不相讓

「你是受寵的那一個，總是佔便宜。爸媽什麼都看不出來，但我可是看透你了。現在他們老了，你也沒替他們做什麼。你總是有藉口：忙、忙、忙。這些事都是誰在做？是我。」

札克比克勞戴小三歲，現在在當醫生。克勞戴是個檢察官。這一對父母總是說札克是「我們的兒子，現在在當醫生」。但他們完全忽略克勞戴，以及他身為知名檢察官的卓越成就。

現在，家裏必須做些決定。父母親已經八十幾歲了，爸爸有點失去判斷力，會在寒冷的夜裏穿著睡衣跑出去，鄰居嚇壞了。媽媽的狀況也不好，而且也不太清楚她的丈夫在做什麼。他們必須當機立斷做點什麼，但兩兄弟無法達成協議。克勞戴說：「如果我們現在什麼都不做，我不敢想以後會怎樣，但一定不會有好事。」但札克回道：「你總是杞人憂天。慢一點，他們沒事的。我現在要走了。」他們的家庭會議總是開不成。

家庭會議

召開家庭會議時，哪些人應該參與？一般來說，第一次開會時受照護者不應在場，但是，還是要視情況而定。有時候，甚至是由受照護者主動召開家庭會議。兄弟姊妹如果都能在場，那是最好不過了，然而，若因為距離或後勤支援問題而有阻礙，也許可以透過視訊會議的方式參與。兄弟姊妹的配偶或伴侶，可以在之後由另一半轉述情形。若能有一位協調人，比方說社工、出院規劃人員、醫師、諮商人員、老年照護經理人或神職人員，會是很好的安排；這個角色是個了解情況而且能確保大家都有機會發言的人。

協調人也有助於推動會議，並讓一切保持在正軌上，並按照時程進行。

應該在何處舉行會議？如果有誰的家能夠讓每個人都覺得舒適，那就應該在那裏舉行，或者，也可以找一個中立的地方，比方說協調人的辦公室，或者醫院或安養院的會議室。

家庭會議應該安排在什麼時候？在發生事件或找到問題之後，盡可能及早規劃，並安排在方便多數人參加的時候。家庭會議可能需要召開一次以上。

會前規劃

要如何安排會議相關事宜？最好能掌握到最多的訊息，包括適用的文件，如永久醫療授權書（durable power of attorney）、醫療照護委託書（health-care proxy）、生前遺囑（living will）以及醫療保險、長期照護保險和壽險等保險保單。出生證明副本及社會安全卡也會用得上。並清點還有哪些相關文件。

正式的議程，應該在兄弟姊妹提供意見的基礎上由協調人負責訂出。但是，不要拘泥於格式，重要的是本質。你需要開始溝通。要指派一個人做紀錄，會議紀錄是採取進一步行動時的根據。請記住，所有與會人士都要有機會發言，就算對方的意見不受歡迎

表5-1　家庭會議議程範本

事實：

診斷

□需要進一步評估

□希望聽取更多醫學專業意見

□治療選項，包括風險、益處、替代方案與成本

預後

□過程

□可能結果

□期間

□可能的併發症／復發

醫學專業治療

□選項：當下與未來

□受照護者的心願

□場所

□是否參與醫學研究計畫？

立即性的考量：

□表明心願的文件

□受照護者的決策能力

—可動用的財務資源

—受照護者抗拒接受照護

□找出主要照護者

□整體管理

—家人之間的分工

—化解爭論

後勤支援：

□住所

—當下及未來

□交通

法律問題：

□現在與未來

—事業所有權、住家所有權、既有的權利

財務：

□目前擁有的

□可獲得的資源

□可用的保險

□目前與未來可能的權利（entitlements）

也一樣。表5-1是一份議程範本。

要討論哪些議題？

應討論長輩目前的健康情形：檢視事實、確立診斷（情況）、疾病可能如何發展以及預期的結果是什麼（預後）。此時，要考量是否需要做進一步的評估、有沒有其他醫療專業意見，或是是否要在不同的醫療院所進行治療。同時，要知道有哪些治療選項，包括每一種選項的益處、風險、成本、替代方案與後勤支援。

你的父親可能剛剛被診斷出罹患一種罕見但惡性重大的癌症。一直有人告訴你有哪些可用的治療選項，以及其風險、益處和替代方案。但機會並不站在他這一邊，你聽過其他國家有更積極的治療程序，你的姊妹聽到的消息是，這種療法只有海外才有。你的父親已經太過緊張、極度焦慮，非常不願意談自己的病情。之前他說過：「到了不管怎樣我都會死的地步時，我不想受折磨。」但那只是一個抽象的說法而已，他從沒有寫下過任何文字紀錄。他沒有生前遺囑，也沒有指定的醫療照護委託人。而現在，大家要面對的是現實問題，是緊急情況，他卻不想談。雖然你記得他說過什麼，但他自己絕對不會再說第二次。那麼，他真的是那個意思嗎？

你要選擇比較積極或是比較消極的治療方法？主動性的治療符合他的心願嗎？你是否已經做好準備拋下一切，在這場賭局中堅持到底？你要為這場冒險付出多高的代價？他回家之後如果出現併發症，那該怎麼辦？父親住家附近的醫師願意和你合作嗎？如果不行，你還能找誰？這些都是你要做的選擇。如果你考量遠在千里之外的治療方法，就必須思考暫時得遷居的問題，唯有這樣，你才能跟當地負責治療的醫生密切聯繫。不然，你就要和父親的醫生討論你的計畫，尋求他們的配合。

心智狀態

要考量受照護者的心智狀態。你有沒有想過，他們可以就自己的切身問題和照護做決定？他們的心智狀態是否可能改善？有沒有任何文件指定了代為做決定的人（代理人），或表達了他們在醫療照護方面的意願（指令）？若沒有，有沒有任何兄弟姊妹曾經和父母討論過他們的心願？你的父母是否願意參與醫學研究計畫？如果願意，是在什麼樣的條件下加入？他們的情緒狀態如何？他們是否憂鬱、心存否定、對病情胡思亂想或是拒絕接受照護？

優勢與弱點

他們是否需要監護或個人化的照護？他們能否留在自家或返家？他們能否指示或督導照護人員？家裏是否需要改裝？他們有沒有表達過哪些信念或喜好？也別忘記注意看看他們有哪些優勢。

財務狀況

受照護者的財務狀況如何？你或是其他兄弟姊妹有沒有在家中四處看看，在每一個角落、每一堆書信文件中找一找支票簿、銀行對帳單、股票帳戶對帳單、債券或現金？你有沒有找到保單以及給付額的文件？你有沒有發現保險卡，比方說聯邦政府醫療保險、聯邦政府醫療保險輔助計畫（Medigap）、州政府醫療保險？很明顯的是，不管你找到什麼，所有權都是親人的。請清點手上有的相關資料。根據你找到的這些資源，現在有沒有足夠的資金可支應治療與相關的管理？親人的財務狀況會影響現在及未來的照護規劃。

化解爭端

設計一套能化解爭端的機制是必要的。不同的問題都可能引發爭端：照護的性質（一般的照護還是實驗性的照護）；積極的干預性治療還是舒緩（安撫）治療；照護的地點（這家醫院還是另一家、住在家裏還是住在長期照護機構）；以及你要選擇仰賴哪些專業顧問。若有單一的指定醫療照護委託人，這個人就可以根據現有文件賦予他們的權力行事，可以考量或駁回兄弟姊妹的反對聲浪。如果所有人的權力平等，就需要針對如何化解爭議取得協議，可能是多數決，或是在指定的外部人士協助之下解決問題。如果是關於財務方面的爭議，則根據委託書拍板定案。

獨生子女

若是獨生子女的話，你該怎麼辦？你可以帶著配偶或好朋友一起，和專業人士會商。你可能也會希望一些表兄弟姊妹、姪甥子女或姑叔姨舅等親友加入會商，他們可能成為潛在的照護夥伴。請記住，照護可能已經是、或者即將變成重責大任，是你無法獨力完成的。你需要動用所有能獲得的協助，包括家人、朋友、鄰居或專業人員的幫助。

瑪麗·勞的故事：獨生女

瑪麗·勞是獨生女，一邊撫養年幼的孩子，工作負擔也很重，她和老媽媽佛蘿拉的距離相隔大半個美國。佛蘿拉的丈夫已過世，少有社交支持，財務也很拮据。瑪麗·勞有一天接到出院規劃人員的通知說：「佛蘿拉突然住院，她無法再獨居，需要找地方安置。」驚訝之餘，瑪麗·勞打電話給媽媽，發現媽媽已經很混亂，完全沒有能力提供任何資訊，只是一直說著：「我生病了。」瑪麗·勞不斷地打電話想聯絡出院規劃人員，但往往轉接到語音留言。她無法拋下一切跳上飛機，因為她的丈夫現在正在出差；但是她也無法坐在電話旁邊乾等，等著人家回電。進退兩難之際，她決定在媽媽家附近聘用一位老年照護經理。她打電話給「美國全國專業老化照顧經理人協會」（National Association of Professional Geriatric Care Managers，網址為www.caremanager.org）。

照護經理去訪視佛蘿拉，做了一些評估，並和醫護人員會談。她也同意佛蘿拉已經不能再獨居，便和瑪麗·勞討論起還有哪些選項。找到適合的安養中心之後，她就開始處理安置事宜。瑪麗·勞說，這位照護經理「讓我省去很多煩憂，而且現在我很確定媽媽確實有受到照護。」瑪麗．勞計畫最近要去探訪媽媽，順便賣掉媽媽的公寓。

召開家庭會議或許是很理想的做法，但必須視情況修正相關的程序。不同的案例或許有相同的脈絡，但每一個個案都有其不同之處。以瑪麗．勞來說，身為獨身女的她，要找「誰」來開家庭會議是不用說了，「時間」是馬上，「地方」則變成了電話和電子郵件。議程很清楚，必須立即採取行動。與媽媽相隔十萬八千里的她，無法掌握相關事實，必須想盡辦法抄任何可能的捷徑。

主要照護者

照護工作需要有主事者。誰是主要照護者？有時候，候選人很明顯：一直以來有一個孩子負責主導，此人也很願意繼續接下這個角色；兄弟姊妹之間會達成協議，認定這是最好的安排，他們也會互相支援。但在某些家庭裏，手足之間缺乏信任，宿怨和過去的衝突更往往因此浮上台面。基本上的不合，可能是來自於彼此競爭要成為「最棒的那一個」，或是想要爭奪他們相信自己有權得到的遺產。可能有各種不同的情境和動機。一開始就必須妥協。

你應該成為主要照護者嗎？現在應該要審慎評估，並考量怎麼做最好。你的眼前有一大堆問題。我的親人過去是什麼模樣？現在他們又是什麼模樣？他們需要什麼？他們想要什麼？憑著我對於老化有限的了解，我要如何訂出適當的行動方針？我能成為主要照護者嗎？我的優勢是什麼？我的限制是什麼？實際上我可以付出多少心力？我要如何因應家裏面的「地雷」？我們要如何從泥淖中脫困，迎向陽光？還有，最重要的是，我要從哪裏開始？

定義責任

找出受照護者的迫切需求。設定目標，制定一套達成目標必要的詳細行動計畫。指定家人分擔各項責任，比方說維護居家環境、督導照料病患事宜、陪同就診、支付帳單，以及聯繫醫師、保險專員及律師。誰該負什麼責任，取決於每個人的優勢和弱點，以及各項事務的頻率和麻煩程度。一切都要視情況而定，但是，互相支援永遠都是好事。

定義職責

某個女兒負責日常活動，比方說聘用、管理與督導居家服務人員，準備藥品以及和醫師溝通。另一個女兒則負責採買及維護居家環境。兩個人都要陪媽媽去就診。第三個孩子遠在外地，但他是指定的委託人，負責管理財務、支付帳單，並和保險公司及律師交涉。第四個孩子想要出一張嘴，但不願意出力。怎麼辦？你可以發洩。雖然覺得氣憤，但你可以讓情緒過去就算了。或者，長期下來，這第四位兄弟姊妹會重新考慮，決定和大家並肩作戰是比較好的做法。

設定日常行程

一定要有整體計畫。對於一個需要居家照護的人來說，重點是要設定詳細的行程。一定要把老人家的心願和喜好當一回事。他們仍是本來的那個人，而且這是經過多年來的結果。老人家若是習慣早上睡到日上三竿才起床，就不要從早上七點鐘就開始有活動。反之，如果老爸永遠六點鐘準時起床，做計畫時要確認有將這一點考慮在內。

一日之計，通常始於個人護理：洗澡、著裝、打扮。誰負責這些工作，什麼時候做，又該多久做一次？比較好的做法，是盡量讓受照護者的外表維持和過去一樣。比方說，某位女士若習慣由美髮師染髮並做造型，那就應該定期帶她去做。某位已經習慣每天打領帶上班的男性，就算他所處的環境已經改變了，也應該照做。如果受照護者穿著骯髒、污穢或破爛的衣物，照護者難辭其咎。我們在恭維他人外表時都會先從服裝打扮說起：「這件衣服真漂亮、口紅顏色很亮、領帶很配。」人的自尊永遠最重要。

對於行動需要他人協助的人來說，上廁所是一大問題。負責照護的人可能需要定時帶受照護者去上廁所，比方說兩小時一次，或者是只需要提醒受照護者。另外，老人家可能也需要別人幫忙維護個人衛生。如果已經有失禁的問題，需要用到紙尿褲，此時定期更換與謹慎的皮膚護理非常重要，以避免不適和皮膚潰爛的問題。

用藥管理

就算是能力最強的人，要管理好各種不同的藥物也是很讓人頭痛的事。但是，對於衰老的長輩來說，健忘、視力不良、協調能力不佳或是指示語焉不詳，可能導致嚴重的後果。事實上，藥物出現交互作用或用藥錯誤，是最常見的老年人送急診因素。你要如何避免這個問題？最常在老人家身邊而且了解整個狀況的人，必須負起責任。如果老人家獨居，而且附近沒有家人，也可以由自願幫忙的鄰居或朋友充當此一角色。要將藥物整理得井然有序。服藥時間的指示要簡單，目標是盡可能一致：看是餐前、餐中還是餐後，請配合醫師和藥師，訂出最適合的服用時間。已經不會再用到的藥物，應該妥善處理掉。

安排餐飲與活動

餐飲要盡量美味可口，讓人覺得享受。均衡的營養很重要。家人及居家照護人員必須知道受照護者的喜好和限制，比方說是否有食物過敏、吞嚥時有沒有困難、使用餐具時是否有問題，或是否已經沒有能力自行進食。有時候，接受居家照護的人或許也可以去老人中心或是成人日間照護中心（**adult day health center**）走走，吃個中飯順便交誼。其他活動與約見的時程，也要事前了解並加以管理。另一項不可低估的問題是，需要哪些交通工具才能讓老人家去從事相關活動。

預防跌倒

跌倒是老人家太常有的遭遇，可能會使他們的生活品質大幅滑落，甚至造成死亡。

主動性的防範，絕對有必要。潛在的風險，比方說隨地亂丟的小地毯以及其他障礙物，都必須移除。家具應該堅固耐用，並且要妥善維修。有扶手的椅子會比較好；要避免地板濕滑；防炫光以及平均照明，都是不錯的設施。至於額外的支撐，應該在樓梯兩側加裝扶手。浴室應加以改裝，以策安全，比方說，應該有加高的馬桶座和扶手，淋浴間也要有扶手和座位，並要有防滑浴墊。行動輔助用具如手杖、助步器以及輪椅，必須要能輕鬆取用，並妥善維修。病患、家人及醫療照護助手必須接受指導，了解如何使用及維護這些工具。雜物要移開。家中必須維持走道淨空，好讓受照護者可以自由且安全地行動。

克利斯的故事：自有計畫的衰弱老人

克利斯是八十歲的鰥夫，住在美國中西部小鎮的一處老人住宅（senior housing）；他在這個小鎮把孩子養大，並照顧妻子一直到她過世。他們這一家人感情親密，但彼此相隔遙遠。他有兩個已經成家的兒子，還有六個孫子。保羅是大兒子，住在將近百公里之外的大城市裏，另一個兒子艾瑞克住在另一個城市，要搭飛機才到得了。孫子們則散居各處。兩個媳婦都是全職的職業婦女。克利斯嚴重中風，幾乎要了他的命。他被送上飛機，載到保羅所在大城市裏的一家大型醫療中心進行神經外科手術。歷經千辛萬苦之後，他總算復原了，可以轉到復健機構療養。他堅持回到自家城鎮裏的醫療中心，不管兒子們多努力地說服他，他就是不想住在兒子家附近。

復健的進展順利。出院時他有一隻腳不太方便，走路會一跛一跛的，還有一點辭不達意和輕微的記憶力減退問題。他帶著助步器回家，醫生囑咐必須持續回來門診復健，但是不准開車。

兩個兒子懇求他一起住，或至少住在附近，但克利斯不為所動。他希望留在自己的房子裏，回到同一家復健機構做門診復健。他的計畫是，善用鎮裏的老人專用交通設施前往復健機構及看醫生，他的鄰居可兼任他的家事幫手，她會增加過來的時數，而他可以利用送餐服務（meal on wheels）解決中餐問題，或是在復健機構用餐。家裏人擔心他的照護安排太過簡陋，尤其晚上只有他一個人，因此他們都不抱太高的期望。

雖然克利斯沒有接受家人給他的所有建議，但他還是同意把管理財務和支付帳單的工作移交給兒子保羅，簽了一張授權書給保羅，並指定另一個兒子艾瑞克擔任他的醫療照護委託人——之前他中風的時候，這兩份文件都還不存在。現在至少他們針對未來開始對話了。

克利斯的計畫運作了大約六個月。不能開車對他的生活造成嚴重影響，超乎他的想像。他發現，如果一直要請別人載他一程，他根本沒辦法辦什麼事。他雖然在出院時強烈拒絕了兒子媳婦們的建議，但他也把他們的話聽進去了。有一天，他打電話給兒子保羅，問兒子能不能帶他去「他家附近的協助性照護機構」看看。驚訝之餘，保羅照做了。

克利斯幾乎馬上就說他喜歡這個地方，而且著手安排要住進來。這裏和他之前的居住環境很不一樣，現在是高樓，從前是有花園的公寓房子，現在是大城，從前是小鎮，但他調適得很快，充分享受這裏的活動，還有距離兒子媳婦家近的附帶好處，他可以去他們家裏吃晚餐，共享天倫之樂。遷居之後，他走路的能力和用字遣詞的能力都有改善。到目前為止，一切都很好。最後我們聽到的消息是，克利斯培養出「好眼光，可以看透整棟樓的女士。」

自家適合「目前」的情況嗎？

年邁的父母是否應該留在原本的住所？這樣的安排是否能配合他們目前的條件？請四處查看，並問自己幾個問題。家裏有沒有哪些建築結構已經不再適合他們居住？住家是否位在山坡上，就算他們只是出去散散步，來去之間也會氣喘如牛？每一層樓是否都有浴室？或者，就算他們的腳步已經不穩了，還是得爬上樓去？住家的維護費用貴不貴？家裏是否太過通透，就算只是用一小部分的空間，暖氣費用也很高昂？造景裝潢的維護費用貴不貴？租金或房屋稅是否和他們目前的所得不相稱？他們堅持住在原地，是否只因為要保有這棟房子，當作「留給孩子們的遺產」？

社交支持呢？他們是否和家人、朋友及鄰居很疏遠，或是遠離大眾交通系統？他們有沒有朋友或熟人從當地搬走？緊急時他們是否無法獲得協助？他們會不會其實過得很辛苦，但是堅決否認？如果當中有幾個問題你都回答「是」，那就該想一想要做點改變了。

緊急應答系統

我們或許可以把裝設個人緊急應答系統（personal emergency response system）當成中程階段，這種系統通常是連接電話系統的可隨身配戴裝置，緊急時按下去即可接通由中央控制的螢幕。這類系統適用於跌倒的高危險群，或是可能會出現緊急狀況的病患，也可以為了求心安而裝設。這類系統通常會收取合理的月費。州政府醫療保險會為保險人支付這項費用。協助性照護機構或許也會提供這些很有用的輔助系統。

獨居者會發現這類裝備很讓人安心，因為他們知道，需要時就會有人來幫忙。艾格妮絲的膝蓋和髖部都患有嚴重的關節炎，疼痛不已，使得她很容易跌倒，她發現緊急應答系統很有用：「我覺得受到保護。」另一方面，這類裝置使用起來很簡單，就算是失智症的病患也會使用，或者說，在緊急時刻也會記得要用。失智症病患的伴侶認為這類裝置很有用，因為當他們無法仰賴已經失能的伴侶時，可以藉此召喚他人協助。

檢視居家選項

住家當然可以重新裝修，以更符合居住者的需求，但居家照護還有其他問題要考慮，包括費用以及十分沉重的工作負擔。還有，雖然長輩覺得孤獨和疏離，但居住地點不見得說變就能變。

如果父母搬過來和你住，佔用某個成年子女的房間或是要多加一間房，而且你要修改或新增一間浴室，那會怎麼樣？這樣的安排會牽涉到哪些層面？對你的隱私和生活方式又有何影響？你的配偶能夠接受這樣的干擾嗎？另一半能和你的父母一起「分享」你嗎？就算你能聘用幫手，自己還要承擔多少照護壓力？

居家照護從來不容易。這需要計畫、督導和協調，要付出大量的精力，耗費大量的時間。還有，居家照護也可能很昂貴，這要視需求而定。

每一個人都與眾不同，沒有「放諸四海皆準」的規劃，任何創意做法都值得一試。茱蒂和她的女兒女婿就想出了一個好方法。

茱蒂的故事

茱蒂剛剛加入聯邦政府醫療保險，她多年來患有類風濕性關節炎，但一直都在離家不遠處的心理健康診所擔任正職工作。即便有體能上的限制與疼痛，她還是設法繼續工作。她利用改裝後的汽車代步，走路就靠助步器，有空的話，她會盡可能參加各種文化活動。

她獨居在一棟大房子裏，但有一個大學生在這裏寄宿，他會幫她做家務和出門辦事，以換取用極低的租金入住，但是他能撥出的時間有限。她的女兒拉娜已婚，和丈夫伊文以及三個小孩同住，開車要四個小時。雖然他們通常靠電話聯繫，假日時偶爾彼此探訪，但他們在情感上一直非常親密。

最近，茱蒂的病況惡化了，雖然她絕少憂鬱，但她現在確實變得悶悶不樂。她隱瞞了實際狀況，堅持對大家說：「不要擔心，我很好，我正在處理。」她是在處理，但幾乎沒有效果。拉娜和伊文看穿這一切，決定做點什麼。

電話打來了：

媽，我跟拉娜談過了，我們想要聽聽妳的意見，所以，請注意聽了，並讓我們知道妳覺得如何。我們決定要搬去跟妳一起住。以我的工作來說，我可以用通訊的方式在任何地方工作。紐約對我們來說一直是一個很特別的地方，我們想要搬去和妳一起住。那間房子很大，我們可以重新設計，並小心處理，讓妳可以做妳喜歡做的事，不用擔心房子的問題。孩子們愛妳，我們也是。我們想要讓每一個人都開心。妳覺得怎麼樣？

茱蒂啜泣：「我真不敢相信！你們太棒了！奇蹟發生了。」確實如此。

這樣的安排對茱蒂來說或許很棒，但對你來說卻不一定適用。兩個家庭同住在一個屋簷下，就算在最好的條件之下，都會造成緊張。迥異的生活方式，不同的年紀，不同的個性，不一樣的財務狀況，互相衝突的需求，再加上天南地北的興趣，都會帶來挑戰。因為生命是動態的，萬事萬物都會改變，其中的機巧是要看清楚重點是什麼，並且仔細想透徹。謹慎地做選擇；這可是你的人生。

居家照護的替代方案

其他的選項，包括老人住宅、集合住宅（congregate housing）、共有式住宅（shared housing）、協助性照護機構、持續性照護退休人士社區（continuing care retirement community）以及安養院。在每一種類別當中，可能還有多種不同的選項，而且，有鑑於「銀髮族」市場越來越大，或許會有更多選擇出現。你的父母有哪些選項可以選擇，取決於他們的生理機能、財務狀況以及偏好。要知道，並非所有長輩都只想和老人在一起。還有，如果一定要改變，請判斷什麼時候是最佳的改變時機。現在就搬好，還是之後才動比較好？在所有決策當中隱含了一個概念，那就是要等到「準備好了」。有時候，做準備要花點時間。

以碧翠絲來說，時間是很重要的因素。因為負責照顧她的家人健康出現重大變化，迫使她必須遷居。

碧翠絲的故事：快樂地住在自己選擇的安養院

九十二歲的碧翠絲，和女兒露安及女婿佛瑞德一起住在亞利桑納州；五年前露安和佛瑞德退休，他們一起搬到這裏來。之前碧翠絲住在新英格蘭，她的另一個女兒依妮德和女婿朗恩住在那裏，現在還辛勤工作，碧翠絲還有六個孫輩和三個曾孫也住在那邊。

碧翠絲已經衰老了，她的視力不太好，聽力也是。她需要助步器才能到處走，她正接受好幾種慢性病的治療，包括嚴重的關節炎，而且需要人幫忙洗澡、穿衣、管理用藥、準備餐點以及往來交通。一切本來都很順利，一直到三個月前佛瑞德被診斷出罹患了肺癌。過沒多久，露安也倒了，因為嚴重的疼痛影響了她的雙手雙腳，使得她難以從事日常活動。有一天晚上，碧翠絲跌倒了，肩膀骨折，更需要人照護。露安和佛瑞德已經因為自身的健康問題而辛苦奮戰了，他們領悟到自己已經無法再充當碧翠絲的主要照護者，她如果能離其他家人近一點，那會比較好。碧翠絲打電話給依妮德，請女兒找個地方，讓她可以舒適地頤養天年，不要再搬家了。

依妮德和朗恩邀請碧翠絲過來跟她們一起住，但碧翠絲斷然拒絕；她不想成為「負擔」。在此同時，已經過了二十年退休生活的她，也很擔心如何繼續使用有限的資金。依妮德和朗恩現在得要做功課了，而且要快。他們必須檢視各種選項，比方說協助性照護機構以及安養院，也要清點各項福利權利，諸如處方藥補助方案（prescription assistance；譯注：美國一個由非營利機構贊助的方案，可以用極低的價格取得處方藥物）和州政府醫療保險。在和幾個單位討論過、並訪視幾家機構之後，他們還是很猶豫。一位老年照護經理過來協助他們，將資料彙整成觀點，之後發展出一套計畫，最後才執行。

選定機構之後，依妮德飛往亞利桑納，陪著母親回到東岸。碧翠絲的配合，再加上女兒們之間達成了協議，讓所有的片段很輕鬆地就拼起來，成為一幅完整的拼圖。靠著電話，他們也召開了家庭會議。受照護者有能力參與規劃過程，是大大的加分。以本例來說，碧翠絲慎重地選擇住進一家安養院，她在那裏過得很開心。

遠距照護者

遠距照護者又是怎麼一回事呢？如果你在一端，而父母在天南地北的另一端，有事也無法馬上搭飛機飛回家，那怎麼辦？你可能要考慮聘用一位老年照護經理，替你安排父母的照護事宜並代你督導，同時負責和你聯繫。

如果你或者你的父母負擔不起私人照護管理服務，州政府醫療保險以及各種退伍軍人福利方案，或是志工團體如以教會為主的長輩服務或家庭服務機構，或許可以提供協助；你可以讓整個運作穩定下來，也不用常常飛來飛去。聯繫父母居住地的地區長者服務機構（Area Agency on Aging）或長者服務辦公室（Office for the Aging），去找找看有哪些資源以及可以聯絡哪些人，是一個很好的起點。各州各地的情況都不一樣。若你的父母沒有太多社區資源可用，你可能必須想想看其他選項，包括請父母遷居到你所在的地區，這樣你比較容易安排並督導父母的照護事務。

交通問題

長輩的交通問題，時常被低估。不論是基於視力衰退，或是因為失智導致理解力衰退，若你的父母已經無法再開車，就需要有替代性的交通工具，好讓他們能從事日常活動。很多地方都有低價或免費的老人交通車，載送長輩從事日常活動，比方說購物、就診或前往老人中心。會有公家機關員工或社區志工擔任服務人員。一般來說，必須要事先安排行程，突如其來的變化或緊急狀況就無法靠這類服務完成，因此必須要有備案。

大眾交通系統都會提供老人優待票，便利長輩搭乘。但有很多人不願意或不能夠使用這類交通工具。有些人很怕遇到上下學的年輕人擠成一團，雖然他們不是故意的，但可能很吵而且「很可怕」。有些人則擔心，就算公車裝有輪椅起放架，但也不一定能使用。這會害他們等到天荒地老，深覺無助。患有失智症的長輩在搭乘大眾交通工具時可能會搞不清楚狀況。

你能怎麼辦？你可能會想聘用一位兼職司機開父母的車，或是在當地計程車行設一個戶頭，讓父母隨時可叫車。住在協助性照護機構裏的人雖然可以擁有私人汽車，但當地的交通往來費用通常已內含在費用內，很多住戶最後都放棄自己的車子。成人日間照護中心通常包含接送服務。醫療方面的交通，比方說臥床病患需要搭乘的救護車，或是坐輪椅者搭乘的接駁車，通常價格很高，而且保險不一定給付。但是，在某些情況下，這卻是必要的費用。

照護規劃是動態、流動而且不斷改變的，是一個過程。照護規劃要花時間，要花精力，要付出愛心，要拿出真心。值得嗎？值得。你把混亂整理成井然有序，找到落差，並填補了落差。不管從大處或小處來看，你都在他人的老化過程中貢獻了一己之力，並為你自己的老去預作準備。

第6章

錢從哪裏來？

對長輩來說，財務是非常敏感的議題，要主動提起話題討論金錢，總是不容易的事。金錢和安全感、獨立以及最終的控制權密切相關。除了個人的財務問題之外，有些長輩甚至會有疑慮，不知道該不該讓孩子來處理自己的財務，也擔心一旦自己需要卻無錢可用的情形。很多人不會輕易放手財務大權。

但事實上，對你而言，家中長輩的財務狀況是非常重要的資訊，可以幫助你判斷如何繼續支應他們每天的費用，以及如何面對額外的醫療和長期照護成本。事先規劃長期照護，應該列為最優先事項。你可能需要動用到他們的錢。請記住，這些錢是他們的，要用來照護他們，而且要以他們的最佳利益來運用。

動用資金

你的父母一直都未雨綢繆。呃，如今真的下起大雨了，但是，他們卻拒絕看看窗外現實的情況。他們已經無法再獨立管理人生，需要照護了。你正試著做相關的安排，你發現，他們的錢足以支應照護所需，但你也很快就明白，他們不準備讓你動用這筆錢。你要怎麼拿到錢呢？

首先，如果父母還有理解力，可以試著問問看。有時候這樣就有用。如果他們同意，現在你就需要授權書，以及銀行、保險公司或證券公司要求的任何授權文件。現在或許該聘請律師撰寫這些文件了。這也是開始進行財務規劃的好時機。

如果受照護者已經無能處理自身財務，那麼，誰是可以憑藉授權書或共同帳戶，有權動用資金的人（可能是兄弟姊妹其中一人或其他指定人）？若沒人可以動用，手足或其他親人是否能先代墊必要的費用，等到長期的照護安排拍板定案後再來算帳？如果你必須動用到自己的錢，就把這當成貸款，留下詳實的紀錄，之後才好得到償付。如果受照護者已經無法參與任何決策，也沒辦法動用他的錢，那麼，可以試試看採取法律程序，例如接管（conservatorship）或是監護（guardianship）。

如果父母堅持不放手，就花點時間，多問幾次。時點不同，情況或許也就不同。給點時間，但要針對何時可動用資金訂下務實的期限。如果情況沒有改變，那就該考慮採取接管或監護等法律行動了。

你的父母過得很辛苦，很努力維持他們過去的生活方式。你可以看出，就算他們還勉強維持萬事都難不倒的假象，但其實已經無法妥善管理自身的事務了。他們從來不認為需要用到律師、會計師、財務顧問，或需要花到其他不必要的費用。你終於明白，在還可能有所為的現在，你該介入了。雖然心不甘情不願，你還是跳進來了。

阿佛瑞德與莎爾妲的故事：仍在未雨綢繆

「你永遠不知道未來會發生什麼事，一定要未雨綢繆。」九十二歲的阿佛瑞德如是說；高齡的他仍每天到自己的店裏工作，下班時把現金帶回家，一路經過幾家銀行都視而不見，彷彿它們根本不存在。「我從不相信銀行，未來也絕對不信。」卡爾是他的獨子，懇求他：「爸爸，時代不一樣了。你可能很容易被搶。你會變成下手的目標。銀行很安全，而且，國稅局可能會追著你補稅。」卡爾也為母親日漸衰退的健康而感到憂心忡忡。她需要個人化的照護與協助，但這些對她來說都可望而不可及，因為阿佛瑞德還在「未雨綢繆」。沒有任何授權書可以讓卡爾或任何人有權在阿佛瑞德失能時動用這些錢以及處理店面，也沒有任何財務或遺產規劃。卡爾只能說服阿佛瑞德接受法律與財務諮商，並且在這一路上都陪著他。

支付醫療照護費用

聯邦政府醫療保險

這是美國聯邦政府為長者（六十五歲以上）、殘障人士（六十五歲以下，但有某些身心障礙）以及末期腎臟疾病患者（所有年齡）提供的醫療保險，用以支付急性醫療照護。聯邦政府醫療保險包括住院保險（A部分）、醫療保險（B部分）以及納保處方藥（D部分）。A部分涵蓋大部分的住院費用、兼職及暫時的家庭照護費用、特殊情況下的有限金額安養院照護費用以及安寧照護費用。B部分涵蓋大部分的醫師診療費、醫療設備使用費、門診照護及診斷檢測費用。D部分是二〇〇六年才新增的，將處方藥納入保險範圍內。要用到這項福利，要到列表中經過核可的醫療保健單位就醫或照護，一般人很容易搞不清楚狀況。優點是，這項福利可給付龐大的醫療費用。

很多人誤以為聯邦政府醫療保險可以給付安養院的長期照護費用。實際上，聯邦政府醫療保險僅在某些特殊情況下支付有限的技能性安養院照護費用，比方說中風或替換人工關節之後的復健。聯邦政府醫療保險的受益人必須至少住院三天，才能請領和本次住院相關的安養照護服務費用。聯邦政府醫療保險也不給付長期的看管性照護

（custodial care）。這套保險制度是聯邦層級的方案，各州都適用同樣的規則。

所有合格的保險人都可以加入聯邦政府醫療保險的A部分，B部分則是選擇性的，選擇加入的保險人，必須每月支付保費，這筆費用可以從社會安全費用中扣抵。D部分也是選擇性的，也必須支付保費。除了保費之外，聯邦政府醫療保險的保險人也需要支付某些自付額（deductible；譯注：自付額與部分負擔都是美國保險中的制度設計，詳見第十二章）以及部分負擔。若加入B部分，付完年度自付額之後，聯邦政府醫療保險通常會支付百分之八十的合格服務核可費用。聯邦政府醫療保險不支付眼鏡和助聽器，僅給付特定的預防性服務，如流感與肺炎疫苗，以及乳房X光攝影。聯邦政府醫療保險的保險人可以自行選擇醫療保健服務供應商，相關資訊請上官網www.medicare.gov。

聯邦政府醫療保險輔助計畫

聯邦政府醫療保險的被保險人可以向私人保險公司加購補充性的保單，以彌補聯邦政府醫療保險的缺口，例如自付額及部分負擔，這就是聯邦政府醫療保險輔助計畫。這類保單內容各異，也必須另外支付保費才能購得這類保險，但只要有支付保費，保證可以續約。聯邦政府醫療保險輔助計畫的保單是制式的，必須遵循聯邦以及各州的法律。

購買聯邦政府醫療保險輔助計畫的前提，是你必須先在原始的聯邦政府醫療保險當中加入了A部分與B部分。

聯邦政府醫療保險計畫管理照護

這是另一種選擇，這套保險體制下的受益人可以選擇加入聯邦政府醫療保險管理照護，亦即聯邦政府醫療保險優勢方案（Medicare Advantage plan），向和聯邦政府簽訂契約的保險公司申請聯邦政府醫療保險補助。優勢方案的保險人可能要、也可能不需要支付額外的保費給保險公司。管理照護方案提供的保險福利，通常類似原始聯邦政府醫療保險計畫涵蓋的範圍，也可能納入額外的保險福利，例如眼鏡、助聽器以及定期的身體檢查。但是，這類保險也加上了一些原始聯邦政府醫療保險沒有的限制。比方說，你可能要先經過把關的醫師這一關，必須由他具體轉介才能做所有的檢驗、專業照護與住院治療。要了解選擇是有限的，你可能會受限於特定的醫療院所、醫師、輔助性機構及其他的供應商。聯邦政府醫療保險優勢方案的保險人可以不購買聯邦政府醫療保險輔助計畫。

長者全包式照護方案

另一種聯邦政府醫療保險管理照護選項，是長者全包式照護方案（program of all-inclusive care for the elderly，簡稱PACE），專門為有資格進住安養院的衰弱長輩而設計的，但計畫對象必須同時擁有聯邦政府醫療保險與州政府醫療保險。長者全包式照護方案提供急性及長期照護服務，並非所有的州都有提供這種保險，但是已經越來越常見。這包含了全部的服務，由一個團隊負責提供服務，組成團隊的是各種服務的供應商，以某個中心為基地，提供包括醫療與社會服務的日間照護方案。除了在中心提供的服務之外，也會提供居家送餐與居家協助，好讓被保險人可以留在社區裏生活。若需要安養院，這套方案也可提供。長者全包式照護方案對於還要工作的照護者來說特別有價值。

支付長期照護費用

長期照護非常昂貴，金額可能非常龐大，會耗盡當事人的儲蓄與其他財務資源。六十五歲以上的人在人生中某個時候住進安養院的機率極高（百分之四十三），但這個數字很容易造成誤導。其中至少有一半的人是短期暫住，僅入住三個月或是更短，另一半則住了一年或以上。真正會造成財務黑洞的，是長期入住安養院。

長期照護保險

會購買長期照護保險的，是擔心長期照護（不管是機構照護或居家照護）成本高昂、而想要保護資產的人。這類保單會根據申請人的健康狀況和年齡核保，成本（保費）也依此訂定。高於某個年齡或是已經需要長期照護的人，就無法購買這類保險。這類保險的保險範圍和成本都不盡相同，有可能非常昂貴。長期照護保險不見得適用每個人，但應該納入理性財務規劃當中，在出現照護需求之前先規劃因應。長期照護保險不適合已經差不多可以申請聯邦政府醫療保險的人。

持續性照護退休人士社區

持續性照護退休人士社區是另一種類型的長期照護方案，這種模式將居家、醫療與社交服務結合在同一個社區裏。因此，當居民的需求改變時，他們仍可留在同一個社區裏獲得適當的照護，涵蓋範圍從獨立生活到長期安養院照護都有。有時候你可能要支付可觀的費用才能進入這樣的社區，然後每個月再付固定的月費，讓你能以可預測的費用獲得需要的服務。訂定的契約內容差異很大，但可以納入返還入住費的條款，把入住費變成遺產的一部分。這個選項非常適合擁有資產與收入，有能力負擔的中產階級，他們可以入住社區，一直留在那裏，在熟悉的環境中獲得需要的服務，而且財務上也可以負擔。這種安排也很適合夫妻倆所需的照護需求不同的情況，讓他們仍可相守或住在附近。這類社區的成本差距很大，應選擇入住負擔得起而且適合自己的社區。

巨災保險

如果患上需要長期照護而且代價高昂的疾病，但又沒有長期照護保險的人，若是擁有巨災保險（catastrophic insurance）的話（這種人相對上極少數），便可以發揮作用。身為照護者的你，應該盡量收集資訊以了解親人所擁有的資源與福利，讓你可以依據照護需求與財務資源來評估各種選項。當你不確定是不是能夠用到長期照護或巨災保險等福利，而且受照護者也無法告知的時候，如果可取得相關紀錄的話，請詳加檢視，或者，可以聯繫他們過去的雇主或工會。

退伍軍人福利

退伍軍人可能可以獲得低價的醫療，甚至長期照護服務。如果你的父母是退伍軍人，應該查查相關的福利。致電美國退伍軍人事務部（Department of Veterans Affairs），便可獲得福利與資格的一般性資訊，以及地區辦公室和美國退伍軍人事務管理局（Veterans Administration，簡稱VA）醫學中心的地點，電話為八〇〇—八二七—一〇〇〇。有些州也會提供額外的福利，可以透過當地的長者服務辦公室（Office of Aging）找到。

州政府醫療保險

倘若受照護者的收入與資產有限，但又需要在家或是在安養機構接受長期照護，就應該查查州政府醫療保險。醫院或安養院的社工可以提供相關資訊，並推介到適當的公家機關，各州或各地的長者服務辦公室或私人的老年照護經理，也可提供相關資訊。

州政府醫療保險是最後才會動用到的保險。這套保險制度會給付醫療服務，包括為符合其醫療需求、收入與資產標準的長者提供居家健康照護及安養院照護。如果你的受照護者目前仍擁有一些財務資源，可能就不符合標準，要一直等到他們把資產「耗盡」（spend down，譯注：美國保險中的用語，詳細說明見第十二章）到某個程度，才有資格請領。在這段期間內，很重要的是要仔細保留已支付費用的相關單據。請記住，金錢或資產是否能移轉以及能移轉給誰，都有規範。

至於如何申請，可透過當地的人力資源管理或社會服務部的州政府醫療保險辦事處，取得相關資訊。申請時需要用到一些文件，以及多年的財務紀錄。還得包括一位家人。州政府醫療保險是一套由各州政府管理的聯邦方案，標準和福利在各州、甚至各地區都可能不一樣。遠距照護者如果考慮將父母安置到新的地方，必須仔細研究不同地區的福利差異。

倘若情況非常複雜或混沌不明，照護者可以試著聯繫專攻老人法的律師。當地的律師公會應該可以推薦人選。另外也可以找設在亞利桑納州土桑市（Tucson）的美國老人法律師委員會（National Council of Elder Law Attorneys）。

房屋淨值轉換抵押貸款：善用房屋權益

房屋淨值轉換抵押貸款（reverse mortgage；譯注：即台灣的以房養老、逆向房貸）讓老人家可以運用房屋內含的權益價值，又無須出售或搬出房子。有些長輩「身住豪宅、手無現金」，他們將大筆的金錢投資在房子上，卻沒有足夠的流動資產（可用現金）支付醫療照護、長期照護甚至日常生活的帳單，應該就可以運用這種貸款。能夠貸出多少錢，取決於幾項因素，包括長輩的年齡、房屋的權益（價值）金額、以及貸款成本。獲得這種貸款之後，房屋的所有權仍為借款人所有，屋主還是和平常一樣，必須繳納稅金和維修費用。和其他貸款不同的是，房屋淨值轉換抵押貸款的借款人無須每月還款，反之，當借款人遷居、出售房屋或死亡時，就要同時償付本金與利息。獲得此種貸款的借款人可以拿到一筆需要時即可動用的信貸額度，或者每月領取一筆金額。房屋淨值轉換抵押貸款對每個人來說不一定都是最佳選擇，另外也還有其他選項讓你可以善用房屋的權益價值，比方說房貸再融資（refinancing）或是房屋權益貸款（home equity loan；譯注：房屋淨值轉換抵押貸款需要一定年齡以上才可申請，其用意在於讓老年人可憑藉房屋價值取得活用資金；後兩種貸款則沒有年齡限制，但有其他條件）。

繼承

繼承，是指不同世代之間的「財富」移轉，是一個很棘手的公共政策議題。以美國來說，這個國家看待繼承的觀點有點精神分裂的意味。一方面，稅法有利於富人，允許富人為了避稅可以移轉及隱藏資產；另一方面，面對需要長期照護卻沒有適當資金來源的長輩時，州政府醫療保險政策卻會懲罰資產轉移。州政府醫療保險政策並不打算保留任何人的遺產。

繼承也是很棘手的家庭問題。若沒有規劃、沒有討論，家人之間的爭論常常就會浮出檯面。長輩要把自己的財務「整理得井然有序」，以避免家族紛爭。財務認知是老年照護規劃當中極重要的關鍵。

能夠提供財務與法務意見或建議的人不少，但是建議聰明的消費者應該去諮詢合格且經驗豐富的法務與財務專業人士。規定與細節會不斷變動，影響到父母目前的處境，此時此刻的情況，也不同於過去曾做過財務規劃的親友所面對的條件。要問一問專業人士的收費。請注意，他們提供的建議可能會替你省下意想不到的大錢。

防範詐財與剝削

有時候，長輩很容易成為詐騙的對象。他們在財務上的恐懼，再加上寂寞以及退化的視力、聽力和理解力，使得他們很容易變成獵物。常有人用「輕鬆整修」房屋或汽車、或者突然獲得競賽或投資的「大獎」當作誘餌，老人家也因此受騙，蒙受重大損失。還有，很多人很容易被打著「慈善活動」訴求的詐騙電話所騙。有一位飽受早期阿茲海默症折磨的女士，就在家人不知情的情況下開了五萬美元的支票捐款。

處理財務問題時，在整理文件的過程中，要留意異常的證據。比方說，文件堆裏有沒有多到不成比例的慈善活動信件？有沒有無法解釋的奇怪現金提領紀錄以及支票？有沒有忽然之間出現的大筆房屋修繕與汽車修理費用？有沒有貴重物品如藝術品、古董及珠寶不見了？

傾聽你的直覺。如果你擔心，請開始處理這些問題。有時候，你可能費盡心力要保護家中的長輩，但他們卻拒絕了，你或許要多花一點時間，他們才願意讓你介入。不要放棄。你是照護者，要負責協助與保護家中長輩。請記住，他們過去辛勤工作，努力攢下一點一滴，而且，他們擁有的一切，都是他們的。你能做的，只有他們允許你做的部分。

規劃老年照護要面對的所有問題中，金錢可能是最容易引發爭議的。即便是看來最和諧的家庭，家人在哲學、信念、價值觀、喜好、個性、經驗、感受與生活方式上可能都有很大差異。當要規劃策略和支出時，歧見就出現了，最好的做法是，在第一時間就設法化解。

第7章

阿茲海默症

阿茲海默症（Alzheimer's disease）是最常見的老年失智症。幾個世紀前，失智症等同於瘋狂，例如，莎士比亞就用失智來描述瘋狂。但是到了近代，失智這個詞重出江湖，意指人失去了智性方面的功能，如記憶、思維、理性和判斷，嚴重者甚至可能干擾日常生活。阿茲海默症是一種醫學上的疾病，但因為會出現行為方面的徵狀，因此變得有點像是心理疾病。目前美國共有四五〇萬人遭受阿茲海默症的折磨，好發率會因年齡漸長而大幅提高。六十五歲的人患有此症者不到百分之一，超過八十五歲者則有一半患有阿茲海默症。阿茲海默症並非老化的常態，其病程非常漫長，會以輕微、中度到重度失智的過程發展。阿茲海默症在現今是極重大的公共醫療議題，有鑑於我們目前面對的長壽潮，這種疾病對於醫療體系的衝擊將會越來越大。

彼得的故事：唯一的照護者

彼得和譚雅墜入了愛河，他們的婚姻就像是童話故事一般浪漫。彼得四十多歲時喪妻，異常悲傷。不久之後，有個俄羅斯家庭搬進了他們的大樓，他們有個三十多歲的女兒譚雅，未婚，充滿了魅力。她受過良好教育，英語很流利。愛火迅速地燃起，他們結婚了，生下兩個聰明可愛的兒子。

婚後的譚雅仍持續擔任法律研究人員，她很自豪於自己能抽絲剝繭找出真相，並牢牢記住所有事情。等她到了六十出頭，事情起了變化。譚雅在工作上遭遇困難，因此被迫退休。她的問題越來越明顯：短期記憶開始走下坡。她問著問題，一個接著一個，沒完沒了：「現在幾點了？現在幾點了？現在幾點了？」「孩子們今晚要來嗎？孩子們今晚要來嗎？孩子們今晚要來嗎？」她已經沒辦法自行梳妝打扮，當她試著去做時，結果變得很詭異：衣服完全不搭，內衣有時會穿到外衣外面，她還會穿著室內拖鞋跑到戶外去。由於她會去玩爐火，於是彼得乾脆把爐子完全關掉，瓦斯也關掉，留意她的一舉一動。譚雅有時會突然跑出家門，不見蹤影，這時彼得會像發瘋了似地去找她，直到找到為止，通常她都在附近，一臉茫然，但無所畏懼。很快地，她開始變得疑神疑鬼，指控彼得和鄰居說她的壞話：「你為什麼跟鄰居說我瘋了？」就算把好話說盡，也沒法安撫她。她也經常哭泣。彼得不知道還能做什麼，於是求助於專業人士。診斷結果是，譚雅得了阿茲海默症。

聽到這個消息讓他縮了一下，但之後他就採取攻勢，大聲喊道：「她只不過是記性不好罷了！誰不會呢？你知道，我們都老了。她是這麼、這麼可愛的人，這麼溫柔的人，從來沒想過要傷害誰。她的穿著打扮很糟糕，那又怎樣？她從來也不是流行天后，而是我真心愛著的智慧女性。這正是我們婚姻美滿的理由：我們很配。」

她的行為越奇怪，他就越努力照顧她，還有，雖然他不承認，但事實上他也因此變得更抑鬱。但是這一切並沒有阻礙他。專業人士、朋友、鄰居和家人都建議，他們倆應該去找協助性照護，說那裏有專門的失智照護部門，她在那裏會過得很好，而他也能有自己的人生。他完全聽不進去，他因為照顧她而耗盡心力，他們兩人緊緊纏繞在一起。

他們的兒子波瑞斯懇求他：「爸，讓我們幫幫你吧。我們不只擔心媽媽，也擔心你，事實上，我們更擔心你。你以前愛打高爾夫、上健身房、去俱樂部、游泳，還會做很多別的事，現在你除了照顧媽媽之外什麼都不做，這也是很嚴重的事。而且你悶悶不樂。如果你不考慮協助性照護，至少家裏也需要一些協助，你需要喘口氣。」憤怒的他，什麼都聽不進去：「你媽沒事。她的狀況不完美，但我們過得去。而且，只要我還活著一天，就不用別人照顧她。誰都不用。所以，不用告訴我該怎麼做。我吃過的鹽比你吃過的米多，我很清楚自己在做什麼。你們兩兄弟現在都已經成家了，你們也會這樣做的。還有，你們的小孩可不會這樣跟你們說話。」

兩兄弟能做的，就是來看看爸媽，偶爾換手改變一下媽媽的日常作息，一邊看著老爸爸提供不適當的照護。譚雅的體重掉得很明顯，還有，雖然彼得並不是有意的，但是他也變得孤立、憂鬱。同樣明顯的是，彼得沒有去治療他的憂鬱症，他的健康與社交需求也全被忽略了。

阿茲海默症的病患也是獨立的個體

阿茲海默症一開始的症狀很難察覺，病程會慢慢地演進，通常需要幾年的時間。當對方改變時我們必須要能察覺，在此同時也讓他們保有自我。阿茲海默症病患仍是獨立的個體，不可以一概而論。每一個人的長處和弱點不同，因此他們的症狀也可能以不同的方式出現。而且，他們可能會利用不同程度的沉默寡言或其他能力，來遮掩病症。無論如何，在這漫長的病程當中，社交、感情、控制和歡樂等基本需求，仍然存在。

艾德的故事：賽馬迷

艾德是一位阿茲海默症患者，也是一位賽馬迷。隨著病程的演進，他必須做出一些修正，才能讓他繼續回到賽馬場邊。現在的他已經無法駕馭，必須接受被駕馭。當他越來越無法應付金錢的問題時，他的看護會引導他下注，而且，因為他的判斷力已經很糟糕，因此看護會給他小額鈔票以控制可能的損失。透過這些方式，在進入阿茲海默病程的同時，艾德仍能從事他最愛的娛樂。

薇拉的故事：外出用餐之樂

薇拉的廚藝很棒，她一向喜歡去一些具有特色的餐廳用餐。現在她已經八十三歲，也已進入阿茲海默症的中期階段，她還是很享受外出用餐之樂。她已經無法點菜了，但女兒和女婿會對她說：「媽，妳知道什麼菜最棒了，對吧？」然後替她點餐。過去她習慣自由使用信用卡，但現在她已經無法計算要支付多少小費，也沒辦法加總單價。為了不讓她覺得受傷或尷尬，女兒會拿著卡，然後對她說：「媽媽，就由我來付帳吧。」因此，薇拉得以延續她上餐館的習慣。

徵狀

阿茲海默症的徵狀非常複雜，會影響思考、理性、判斷、日常能力、心情與行為。認知方面的徵狀包括規劃與組織的能力、短期記憶、語言、判斷與方向感減退。非認知方面的徵狀則包括從事日常基本活動的能力衰退，以及個性、心情和行為上的改變。在病程的後期，可能也會出現生理上的徵狀。

認知方面的徵狀

在早期，即便病患已經非常清楚要怎麼做某些複雜的任務，而且已經是慣例了，他們在規劃與安排這些任務的「執行能力」上，還是會遭遇難題。譚雅沒辦法繼續她的法律研究工作、整理她的發現並記住這些發現，便是個讓人鼻酸的案例。由於日常的推理與解決問題的能力衰退了，以前駕輕就熟的事情，如今變成一大困難。想要清楚記帳，根本是不可能的任務。

就像譚雅一樣，短期（近期）失憶是必然會出現的明顯徵狀。你偶爾會忘了鑰匙放在哪裏、或離開時忘了關燈，不見得就是阿茲海默症，很有可能是因為你的生活太過緊湊了。如果患了阿茲海默症，記憶力受損就不是偶爾的，而是持續性且會越來越嚴重，會比之前的功能更加退化。阿茲海默症不只是失憶而已。像譚雅，她就無法再從事已經做了很多年的工作。長期下來，她會連最簡單的資訊都記不住。其他的例子如：一位執業會計師患了阿茲海默症，之後就開始錯過報稅期限。一位向來記憶力很強的女演員，開始忘了自己的台詞。火車餐車上的主廚，開始錯過火車班次。

這種病也會出現語言干擾。找不到適當的詞彙，也是一種徵狀。病患會指著別人的鞋子，然後說：「你穿在腳上的東西真漂亮。再跟我說一次這叫什麼？」阿茲海默症的患者，通常會說起某件事，然後忘了要如何結尾。他們可能會聽不懂你說的話，有些人連最簡單的指示都無法照做。到最後，他們會失去溝通能力。

判斷力也會受損。他們可能會大吃大喝，或是吃發霉的食物，或者無法調控洗澡水的溫度。他們可能會跳出正在行進中的車子，並闖紅燈過馬路。或者，他們無法辨別他人的剝削，因而成為詐騙的對象。失去對安全感的認知（就像譚雅會去玩火爐），是很嚴重的事，甚至會有生命危險。

失智症的患者無法學習新事物。有人對他們說起新東西時，他們無法了解，因此也無法記住。他們不可能學著去操作新電視或新的DVD播放器，就算他過去精通科技，也無能為力。要他們學著去適應新環境，比方說新住所，也是同樣的情形。

混淆糊塗

阿茲海默症會引發混淆糊塗。「我本來是要做什麼？」病患也會對時間、人物或地點產生混淆，比方說問道：「這是哪裏？」當他們站在自己的房間時，他們可能會說：「我要回家。」他們也會搞不清楚年月，或者不知道時間，問道：「今天是幾月幾號？」對他們來說，熟悉的地方已經不再熟悉。他們也沒辦法認出本來認識的熟人，連配偶和孩子也變得陌生。我們必須把這些徵狀和譫妄（delirium）區分開來；譫妄是一種急性心智改變，症狀包括嚴重的混淆、知覺與注意力時好時壞，有時候還有幻覺。譫妄是會威脅生命安全的緊急情況，和醫學上的疾病有關。

日常能力的改變

阿茲海默症會導致病人從事日常生活活動（activities of daily living）的能力退化；所謂日常生活活動，包括洗澡沐浴、穿著打扮、如廁、進食、轉換姿勢（從坐姿變為站姿，或上、下床）與走路等等。通常，洗澡沐浴和穿著打扮是最早失去的日常活動能力。譚雅的外表之所以看來很古怪，正是出於這個理由。生病之前，她總是打扮合宜，絕對不會把室內拖鞋穿到室外去。這種事在從前會讓她嚇一跳。阿茲海默症患者最終會失去從事日常活動的能力，需要他人的協助才能活下去。

生理徵狀

有些人會發展出類似帕金森氏症（Parkinson's disease）的病徵。這些人可能會有路易氏體症（Lewy Body Disease）、用藥副作用或類似帕金森氏症的症狀，常見於阿茲海默症的後期。其他生理問題，還有步伐或平衡感受到干擾，導致病患更容易跌倒、難以控制肌肉運動，還會有行走和吞嚥困難。

個性的改變

病患的個性可能和從前一樣，也可能大幅改變。本來溫和的人，或許會變得暴躁易怒；本來客客氣氣的人，會開始口出穢言；本來果決要求高的人，會變得退縮服從；本來唯唯諾諾的人變得霸道，或是霸道的人變得唯命是從。這些個性上的變化，有時會讓家人很尷尬。在公車上或火車上，患有阿茲海默症的媽媽可能會對著坐在旁邊的女兒大聲抗議：「他XX的妳到底要帶我去哪裏？」或者「趕快看那邊那個肥女人」。

心情與行為的改變

阿茲海默症患者也會出現心情與行為上的變化。憂鬱症可能會比失智先出現、同時出現或是之後才出現。另外也有一種名為「假性失智」（pseudodementia）的疾病，看起來像失智，實際上是憂鬱或焦慮，就算是專業人士也可能混淆。患有阿茲海默症的人常會哭泣，就像譚雅一樣，還會變得退縮，而且心情起伏很大。他們一下子狂喜，過了一分鐘又大悲。此外，他們還會變得恐懼、憤怒或疑神疑鬼。就像譚雅，她指責彼得跟鄰居說「她瘋了」。隨意亂走、失眠、躁動、抗拒他人照護、無動於衷、以及偶爾會出現的攻擊傾向，則是其他的和失智相關的行為。在美國，阿茲海默症以及相關的行為問題，是最常導致病患住進安養院接受安養的因素。

隨意亂走

隨意亂走是特別讓人害怕的行為。病患為什麼會到處亂走，至今原因不明，而他們會不會亂走、何時會亂走，也無法預測。如果我們因為病患從沒隨意亂走就假設他們不會隨意亂走，這樣的假設是很不安全的。預防很重要。如何預防？首先，患有阿茲海默症的人應該配戴身分辨識手環，上面說明他們會失憶以及患有其他疾病。美國阿茲海默症協會有一套安全返家方案（Project Safe Return，諮詢電話八〇〇—二七二—三九〇〇），這是「一套全國性的身分辨識、支持與註冊方案，當病患在本地或遠方迷了路時，可以提供協助」。坊間也有多種身分辨識方案，包括照護者隨時可通報的二十四小時緊急電話。穩穩地戴上適當的身分辨識裝置，是極重要的第一步。其次，家中要設置防走失設備。若是可以的話，門窗要加裝警鈴或繁複的鎖，讓阿茲海默症患者無法自行開啟，在病患跑出去之前先警告照護者。第三，除了防走失裝置之外，家中還要裝設安全措施，當受照護者漫無目的到處亂走時，盡量降低受傷的可能性。尤其是，要移除堆積的雜物，保持走道暢通；拿開隨意放在地上的小東西；在樓梯間的上、下方加裝門欄；地下室的門上鎖；移開眼前所有可見的危險物品，包括有毒性的清潔用品、剪刀刀具、武器、火柴、車鑰匙和藥品。火爐不用時，用閥門鎖起來，或是把轉頭收起來。

抗拒他人照護

亂走會引發嚴重焦慮，除此之外，最麻煩的行為問題是病患抗拒他人的照護：受照護者不肯換衣服，不肯洗澡，不讓你替他們梳妝打扮，或者拒絕服藥。不管你要做什麼，他們都會阻撓你。你要知道，不是只有你會碰到這種事。其他碰到過類似情況的照護者或許可以提供有用的祕訣，比方說支持團體的成員。你的照護團隊在這方面應該也很清楚該怎麼辦。

失眠

失眠是另一項大挑戰，當身為照護者的你每天早上一定得起來做事，比方說上班或送小孩上學時，尤其如此。如果你照護的人有憂鬱症，憂鬱症可能會導致不眠症；治療憂鬱症，則可以減輕失眠問題。在阿茲海默症的中期與晚期階段，睡眠週期會被打亂，受照護者可能會搞不清楚白天和黑夜。有時候，藥物也會引發失明。綜合性的策略最有效，包括讓患者在白天很忙碌，從而明確地區隔出白天和黑夜；限制日間小睡的時間；較晚時減少攝取咖啡因；點亮夜燈以減緩混淆和焦慮；鼓勵病患維持一致的睡眠習慣。

外表與失能之間的矛盾

患有阿茲海默症的人一般看起來並無異樣，沒有一眼就能讓人看出的病徵。舉例來說，若是癌症病患，會出現明顯的病情與疼痛。若是心臟病患者，會呼吸急促或腿部浮腫（腫脹）。若是骨折，則會有疼痛與無法行動的問題。但若是阿茲海默症，至少在還不到後期階段之前，都不會有明顯的生理徵狀，只會發生微妙難以察覺的心智和功能性改變。因此，一般人很難接受這些人確實生病了。如果譚雅在彼得替她梳妝打扮之後和訪客坐在一起，安靜地待著微笑著，不會有人發現她生病了。外表與失能之間的矛盾，是阿茲海默症獨有的特色。但在此同時，這種疾病會讓病患家屬與專業人士感到萬分焦慮。

是什麼原因引發阿茲海默症？

引發阿茲海默症的原因，目前仍不清楚。這種疾病的核心問題，似乎是腦部神經細胞（脊神經元）死亡，至於為何如此，還無法確定原因。可能的解釋包括生物化學過程異常、發炎與基因的理由。專家相信，真正的理由牽涉到以上種種因素，而不是單一肇因。目前已知的最大風險因素，是年紀漸大。家族病史是另一項強力影響因素。有血親患病，會提高致病的風險。目前也已經找到基因突變的因素。在一小群患者身上有找到異常的染色體，目前正在努力研究當中。一個人若有脂蛋白元E4基因（Apolipoprotein E4，簡稱ApoE4），也被認定是一個風險因素；這個基因扮演了重要角色，但有這個基因並不代表就一定會罹患阿茲海默症。科學家現在正在研究生活方式的因素，例如智性刺激、飲食、運動、壓力以及這些因素對腦部健康的影響。

其他導致失智症的疾病

雖然阿茲海默症的病患會失智，但失智病患不一定就患有阿茲海默症。會引發失智症或類似失智徵狀的疾病，多不勝數，包括有酒精中毒、藥物成癮、藥物反應或交互作用、金屬中毒、嚴重缺乏維他命、中風、腦部腫瘤、感染、新陳代謝異常、頭部創傷以及其他神經性疾病。

失智相關疾病包括路易氏體症、常壓性水腦症（Normal Pressure Hydrocephalus，簡稱NPH）、多次腦梗塞性失智症（multi-infarct dementia）、庫賈氏病（Creutzfeldt-Jakob disease，簡稱CJD）、皮克氏病（Pick's disease）和帕金森氏症。路易氏體症的徵狀，綜合了阿茲海默症與帕金森氏症。常壓性水腦症則是因為脊髓液流中聚積了障礙所導致。引起多次腦梗塞性失智症的原因，是腦部多次中風（梗塞），這種病也稱為血管型失智症（vascular dementia）。罹患血管型失智症可能與阿茲海默症無關，也可能和阿茲海默症一同發生。庫賈氏病的病因是出於感染。皮克氏病很罕見，病徵和阿茲海默症很像，但在失憶之前會先出現個性上的變化和異常行為。帕金森氏症會影響行動能力，而阿茲海默症則影響認知功能；但是，帕金森氏症患者到了後面的病程，也會出現失智。

要辨識阿茲海默症，在醫學診斷上必須有系統地排除其他可能原因。診斷極為重要，因為某些疾病可以恢復，但阿茲海默症無法恢復。

誰會罹患阿茲海默症？

阿茲海默症是一種很民主的疾病，會發生在每一個種族、各種社經群體身上，但女性的風險要高於男性。一般而言，阿茲海默症患者都年過六十五，大部分都是七十多、八十多歲，甚至更高齡。然而，三十、四十、五十歲比較年輕的人，也可能發病（早發性），但這很少見，在所有病例中約僅佔百分之十。

診斷阿茲海默症

目前，阿茲海默症沒有單一的診斷檢驗法。要診斷阿茲海默症，要以一套全面性的診斷為基礎，至少包括詳細的病史、心智狀況評估、完整的身體檢查、神經科學檢查、一系列的驗血、心電圖檢查、腦部造影（電腦斷層掃描、核磁共振、正子斷層造影（PET）、單光子放射斷層掃描（SPECT）），或許也要做腦電波圖（EEG）——這是一種神經心理學測驗與精神病學評估。根據這些數據所做出的周延臨床診斷，準確度可達百分之九十五。確診通常都要等到驗屍（解剖），或者，在很少見的情況下可由腦部切片檢查得知。有很多阿茲海默症患者仍未被診斷出來，大約有百分之二十五。

治療阿茲海默症

雖然現代還沒有醫學療法可以治癒或阻止阿茲海默症的演進，但已經有越來越多如何管理阿茲海默症的相關知識。管理阿茲海默症的目標，是要延緩這種長期惡化疾病的進展，並追求最佳的生活品質。有幾種藥品可能暫時可以改善徵狀。此外，目前已有相關的藥物，可用來管理行為徵狀，比方說憂鬱、躁動和失眠。也有人嘗試非藥物療法與另類療法，包括運動、針灸、飲食療法（如採用「腦部保健」減重法）、補充維他命以及訓練家庭照護者。早期的阿茲海默症患者也可以尋求專門的支持團體協助。

目前各界正在進行大量研究，以更了解這種疾病的作用機制，並找到治療方法以減緩病程，最終希望治癒這種疾病。此外，也有很多人努力發展出預防機制。最鼓舞人心的是，自從阿茲海默醫師（Dr. Alois Alzheimer）於一九〇六年首度發現這種疾病以來，過去二十年阿茲海默症的相關研究，已經有了很大的進展。

由於阿茲海默症是一種長期性的疾病，必須特別注意維護病患的一般性健康狀況與安全，才能維護患者的生活品質。老年的阿茲海默病患可能同時還有其他疾病，也需要一併管理，比方說高血壓、糖尿病、心臟異常、關節炎或慢性疼痛。若不治療，這些疾病會加深、加重失智問題。跌倒和意外會損害行動力，大幅影響病患的日常生活舒適度。

阿茲海默症與使用相關服務

在阿茲海默症的病程中，病患可能會用到各種不同的服務。早期，他們或許還可以到當地的老人中心去。如果已經去不了，接受成人日間照護方案（adult day health program）是很適當的選擇。某些居家個人照護也很有幫助。強烈建議主要的家庭照護者，有時候要能喘口氣，放鬆一下。

面對這種疾病時，並無一體適用的計畫。不同的病患，背景條件和利益也都不盡相同。一輩子都在工作的人，可能覺得老人中心或成人日間照護中心（adult day health center）很荒謬，到老了居然被人當成小孩看待。對他們來說，工作就是休閒，休閒就是工作，此外無他。如果可以針對這一點妥善安排，那是最好的。還好，以下面這個案例來說，這是辦得到的。

查理的故事：把「辦公室」當成日間照護中心

查理創辦了自己的營造公司，後來讓其他家人也進來公司任職，包括他的三個兒子。當他開始出現病徵時，自然由兒子們接管公司。然而，顧慮他的無力感與失落感，兒子們安排他每天還是要上班。其中一個兒子會載他進公司，而他有自己的辦公桌和電話，並和另一個兒子共用一位祕書；他們已經和祕書商量過，擬出一套和他合作的方式：她會把信件拿來請他審閱，給他計畫要他檢視，規劃他和兒子一同去視察工地的行程，安排和親友的午餐約會，並一直陪在他身邊。基本上，這就是他的日間照護中心，專門為他量身打造的。有這樣的安排，事情變得很順利，平靜地過了大約兩年，之後查理的病況有變，而他也需要更多的照護。

要選協助性照護，還是安養院？

當失智情況越來越嚴重，照護工作變得越來越棘手，將病人安置到健康照護機構，或許是最佳選擇。從歷史資料來看，安養院是最主要的機構式照護場所。然而，有越來越多家庭將阿茲海默症病患安置在協助性照護機構，而不是安養院。協助性照顧機構在過去十年來出現爆炸式的成長，可以為大量的失智症患者提供照護。當然，對某些人來說，安養院仍是非常重要的服務。

你的親人適合哪一種？兩者差異不大，除了協助性照護機構比較難以應付棘手的病患，他們的健康問題或安養需求比較複雜或不穩定，因此常需要入院治療。（第八章會列出如何選擇協助性照護機構的標準，可以參考特別收容失智症患者相關機構的資訊。）

在阿茲海默症的中期階段，此時患者仍可走動，但需要提示、監護、個人照護以及結構嚴謹的日常規律，協助性照護就可以滿足他們的需求。如果是不是住單人房對病患來說很重要，協助性照護機構會比安養院更樂於做相關安排。然而，當病程繼續發展下去，病患需要更多近身照護與安養監督，選擇安養院會是比較好的答案。照護涵蓋的領域很重要，包括行為徵狀的管理、憂鬱症的治療、保證提供最適當的飲食、提供各種活動以鼓舞他們繼續保有行走能力等等。至於身處後段的病患，則需要特別注意吞嚥能力，防止皮膚潰爛（褥瘡），以及提供最適當的飲食與流質攝取。

長期照護的成本

不同的機構，成本不同，甚至同一個機構內成本都不一樣，要視需要的照護水準而定。除了每天的費用之外，可能還有額外費用。聰明的消費者會好好研究，把這些因素都納入考量。此外，有些補助方案會針對特定程度的照護提供補助，但不適用於其他的照護需求。比方說，州政府醫療保險在某些州會給付協助性照護，但某些州不給付；但是各州都會給付安養院照護費用。

相關資訊來源包括機構本身（可要求參閱入院協議書）、支持團體的成員、阿茲海默症協會與長者服務辦公室的本地分支機構、你所在地的州衛生部、父母的醫師、或老人照護經理。不管你選擇哪個地方，要明確了解他們的轉院政策，當照護需求改變或病患耗盡資金時，可能需要轉到其他機構去。

失智症病患的善終關懷照護

對於身處阿茲海默與其他失智症末期的病患以及家屬來說，善終關懷照護（hospice care）對大家都好。善終關懷照護包括提供給病人的舒緩（安適）照護，以及為家屬提供的喪親諮商與支持。善終關懷的病患或他們的代理人選擇不要積極的維生治療，比方說心肺復甦術、以插管或插喉的方式注入抗生素或人工餵食與給水。因為阿茲海默症的病患可能無法傳達自身的痛苦，因此，細心的疼痛評估和管理是非常重要的照護元素。病患可以在自家、獨立的善終關懷機構、協助性照護機構或安養院，接受善終關懷照護。

由於很難確認阿茲海默症患者的預期壽命是否真的少於六個月（這是善終關懷照護的標準），有些善終關懷方案會特別針對失智病患訂定標準。提供善終關懷照護的機構所提供的服務並非一模一樣，因此，你或許可以選擇當地「對失智病患友善度最高」的機構。

阿茲海默症是全家人的事

百分之八十的阿茲海默症患者是由家人照料，這些家屬也就是所謂的「次級受害者」或「隱性受害者」。就像所有的病患家屬一樣，我們之前提過身為人夫的彼得，被捲入他幾乎無法控制的系統裏。他不知道妻子的病徵來自何處或將走向何方，但卻必須去處理。他自身的混亂在心裏不停打轉，卻因為現實中譚雅的日常需求而被放在一邊。面對心煩意亂，他唯一的處理方式，就是讓自己躲在「否認」的披風之下。否認並不罕見，也不一定有危險，但是當這種否認影響到現實以及健全的決策時，就會變成嚴重的問題。彼得否認了我們都會經歷到的脆弱，轉向另一個極端，靠著披上無敵的鎧甲活下去。他為了譚雅，幾乎無所不能。

照護者的憂鬱

說真的，照護者並非無敵。事實上，因為所面臨的壓力，他們更容易生病。此外，忽視自身的需求讓問題更加嚴重。像彼得，他就停止了社交活動、運動，也不再注意自己的健康。當然，他的否認也讓他無法認知到自己的憂鬱。可想而知，他的兩個兒子非常擔心這件事。

阿茲海默症病患的照護者常會出現憂鬱症，通常使得他們成為「疾病與照護」組合中的另一個病患。彼得絕對不是特例。失去是引發憂鬱的基本原因，而他每一天都一點一滴地失去譚雅。眼前的這個女子，再也不是他過去認識的譚雅。他覺得無助，只好緊緊抓住她，彷彿變成她的一部分之後就能讓她再度完整。實際上，他正在失去自己的立足點。有一部分的他也跟著消失了。而且，看起來，不管他做什麼，都無法改變局面。他覺得無能為力。

他是一位能幹的律師，大家會來找他尋求建議，他出庭時能迷倒一整個陪審團，他會同情受害者，並排除萬難打贏官司。但這樣的他，現在卻失去了力量。身為律師，他是一個很好的團隊合作者，配合其他的律師、祕書、法務助理、專業證人與法官。現在的他是孤獨的離群索居者，覺得自己是救星也是受害者，而且兩種感覺同時出現。不管是哪一種都讓人不好受。對彼得來說，角色與生活方式的劇烈變化，造成了很大的創傷。但是，他仍舊不願意尋求任何協助，或做出任何改變。

不斷萎縮的社交網絡

沒有人會自願成為照護者，這個身分也會讓人遠離人群。社交上的支援會不斷減少，到最後幾乎會降到零。外面的人或許會讚賞彼得「自我犧牲、太棒了、是個英雄、深情的丈夫、不自私的人」，但他卻沒有任何實際的人際交流。朋友鄰居離得遠遠的，因為太過接近他和譚雅會讓他們覺得很無助。他們也不知道自己能做些什麼。

對很多照護者來說，有一個因素使得社交網絡縮小這個問題變得更嚴重，那就是隨著病程進展，病患溝通能力的受損程度也會越來越深，受照護者到最後根本無法提供任何回饋給照護者。因此，和其他疾病不同的是，除了沒有終點的「漫長的道別」之外，沒什麼其他機會可以終結阿茲海默症。

家庭關係

阿茲海默症不僅影響病患，其觸角也會伸入家中的每一個人。沒有人能夠逃開。以彼得和譚雅為例，兩個兒子就感到很矛盾。誰不會呢？他們都愛媽媽，他們都愛爸爸，他們心裏有一部分很想去探望爸媽，但另外一部分不太想。「他們是我的父母，我要支持他們。我一定要做到，不管我的感覺有多糟都要忍耐。」一旦真的去探望了，他們會想要逃開，但他們壓抑下來。他們真正想說的話是：「爸爸，我們知道你已經盡力了，也知道這對你來說有多麼不容易，但我們認為媽媽需要更多協助、更多刺激，也需要沒那麼孤立的環境。光是在這裏，無法獲得那些。」兄弟倆知道爸爸的態度十分防衛，所以他們絕對不會說出來。但是，這些話折磨著他們的心。他們知道，此時此刻，他們什麼也做不了，完全無力，只能站在旁邊等著，等待無可避免的危機發生。

照護者、受照護者與疾病

阿茲海默症會讓一整個家都很難受。不論是小孩還是配偶，是隨身照護者還是病患的親屬，這種情況都讓人很難招架。對某些家屬來說，當病程越到後面時越難受，有人則會覺得輕鬆了一些。每個人面對阿茲海默症時的態度都不相同。照護者可以去找支持團體分享經驗，並獲得實務上的祕訣建議與情緒上的支持。

克倫姆的故事：找理由

克倫姆四十九歲，他的母親葛萊蒂剛滿七十八歲。葛萊蒂過去三年都住在安養院，患有嚴重的失智症：她無法自己洗澡、梳妝、打扮、如廁、移動位置或行走，還需要旁人手動餵食。她是具有魅力的女性，過去每星期固定要上美容沙龍，如今則在安養院裏的美容院做頭髮和指甲。她一直都打扮得很合宜。雖然她多半時間裏都活在自己的世界裏，但總是一個快樂的小世界。她通常都帶著笑容，也經常唱歌、歡笑。習慣於照顧失智症的員工知道，當他們在照顧她時，她的拳打腳踢、大聲喊叫和拉扯頭髮都不是故意的攻擊行為，而是因為她生病了。他們喜歡她平常開心的模樣，因此原諒了她的突發暴力。

克倫姆是個高中老師，他一直無法接受媽媽的病。她的失智以及隨之而來的攻擊行為嚇壞了他，他鮮少來探望。當他來時，他總是發現媽媽的情況「更糟了」。「她不知道身邊發生了什麼事，她把食物吐出來，她像動物一樣抓住工作人員，大吼大叫，而且一直不停，當他們太過靠近時，甚至還會開口咬人。我跟我太太說，如果有一天我到了這種地步，就拿把槍斃了我吧！」

克倫姆不斷地找理由，隱藏他真正的嫌惡感。設法把這種感覺完全投射到外面的世界：「如果機構裏的人員能把工作做得更好，醫生開對了藥方，她的飲食能夠改進，有更多人能和她聊聊，她就不會是這種人不像人的模樣。」在找理由的背後，藏著真正的問題：他很恐懼，深怕自己有一天也會變成這副模樣，這是一場永遠不會醒的惡夢。家裏沒有任何其他近親患有失智症，因此，沒有理由懷疑家族中有普遍的基因模式，但這股揮之不去的恐怖仍留在他心中。

克倫姆可以做什麼？克倫姆可以選擇承受這股恐懼的折磨，也可以好好面對它。照護者在因應時有幾個選項，包括支持團體、照護者訓練、個人諮商、團體治療以及可行的藥物治療。面對恐懼，有助於他重新找回人生的活力，恢復追求喜悅的能力。

佩格的故事：拼命想要維持現狀

佩格是護理師，從未結過婚，和媽媽喬安同住。這對母女一向很親密，自從媽媽八年前（那時她六十七歲）喪偶之後，兩人的關係更密切了。他們都能自給自足，也很享受和彼此相處。喬安之前在公立學校擔任祕書，七十一歲時退休。佩格在安養院工作，那裏設有成人日間照護中心。

五年前，喬安開始出現阿茲海默症的病徵，佩格馬上就注意到了。她隨即帶媽媽去記憶力評鑑中心，那裏的專家告訴她，確實是阿茲海默症，也為她提供了最新的相關資訊。她把事情告訴兩個姊姊，她們不怎麼擔心，也不想負擔任何照顧媽媽的責任。顯然，媽媽現在變成了一件「東西」。這三人去找老年照護律師，到最後，所有的財產權利都平分成三份，只有照護工作除外。

在得出診斷結果後的前三年，喬安白天還能自己在家，在有人陪伴的情況下前往附近的老人中心，或到親友家暫住。接下來，出現更多清晰可辨的衰退——喬安無法再獨處了；她尿失禁，出現幻覺，還有攻擊行為。佩格設法帶著喬安，去她工作的安養院裏參加附設的成人日間照護方案，一個星期三天；一個姊姊每週來照顧她一天，另一天由另一個姊姊過來；其他的時候，則由佩格在家陪媽媽。改變心態之後，三姊妹試著全力以赴，但情況變得很混亂。

喬安雖然受到照護，但是她的日常行程一直不固定，因此引發焦慮。她越焦慮，人就跟著越糊塗，後來越來越難控制：「妳要幹嘛？為什麼不讓我回家？」心煩意亂加上憤怒，使得她語帶威脅大吼大叫：「妳不是我認識的女兒了。但是，沒關係，我有方法，妳等著瞧。」沒有多久之後，當佩格試著替媽媽梳頭髮時，喬安衝過來，想要掐住女兒。佩格嚇傻了，把喬安的雙手扳開，躲到她抓不到的地方。過了一陣子之後，佩格覺得什麼事都不對了，她對自己最好的朋友承認：「我經歷的情況就是這樣。我親愛、可人的媽媽想要殺了我？妳能想像嗎？看看現在的我，我幾乎是連自己都不管了，努力地幫助她，她卻想殺了我。妳相信有這種事嗎？」

這類行為上的干擾，看起來非常可怕，但在阿茲海默症的後期並不算罕見。而這些可能也正是家庭照護者會尋求將病人安置在家庭之外的主要理由。隨著這種安置需求而來的，是決策的重大難題：為失去他們過去認識的至親而感到悲痛，為無法再承擔他們過去承擔的責任而感到歉疚，再加上一股失敗感。

我一向負責照顧媽媽。但是，不管我多努力，她都沒有變得比較好。事實上，她的情況越來越糟。她對我發脾氣，我覺得是因為我讓她失望了。我很清楚我需要安置她到其他地方，但是在感情上，我沒辦法說服自己去做。雖然我任職的安養院主任很樂於接納她，並提供必要的財務安排，讓我可以保有清晰的腦袋維持我的工作時程，但我還是覺得很矛盾。一切看起來已成定局，我猜我只是還沒做好準備。很奇怪，我可以幫助其他的家屬把他們的親人帶到我們的安養院來，但輪到我自己的媽媽時，我就動彈不得。

一如所有疾病，阿茲海默症是各種徵狀的複合體。但是，和其他疾病不同的是，這種病是長期的、多變的、難以預測的。然而，站在人性的角度來說，對於涉入其中的每一個人而言，過程都是非常個人的，包括身為照護者的你。你覺得陷入泥淖，你動彈不得，你沒有效率、失去活力、心情低落，而且基本上根本沒辦法面對。但是，實際上你正在應付，而且做得很好。或許你是一路上修修補補，但這就是照護工作的一部分，而且，當你這麼做時，你就是在參與自己的成長。真的，在阿茲海默症病程的黑暗期中會有一線光明，那就是面對這個病的你。

第8章 安置的問題

安置我媽媽？你在胡說八道什麼？我怎麼能這麼對待她？這會讓我覺得我太狠心，其他人也會這樣看我。

——一位支持團體的成員

安置通常不是第一選擇。不管大家怎麼想，家人總是會盡可能地讓失能的長輩待在家裏，有時甚至超出他們的能力範圍。雖然在大家的刻板印象裏，老人家總是坐在安養院裏的電視機前面，但是，事實上，絕大多數的老人家現在還是住家裏，而且是由家人照料著。要等到情況失控的時候，才會考慮安置。

安養院：簡史

安養院照護被貼上惡名昭彰的標籤，可能是自從有安養院以來便是如此。如果把時間拉回到中世紀，當時人類的壽命並不長，沒有家人照料的老人家會被安置在濟貧院。他們多半是窮人，倒不一定生病或失能，他們也必須工作才能獲得收容：自行鋪床、餵養牲畜、協助廚房工作、洗衣以及維持濟貧院的運作。長久下來，也出現了一些「街坊式」的小型安養院。家中若有人擔任護士，也會收容一些人提供照料。

讓我們將時間快轉到二十世紀中期，來到聯邦政府醫療保險與州政府醫療保險剛剛推行之時：安養產業到了此時有了資金來源，得以蓬勃發展。除了大叔大嬸經營的街坊式小安養院之外，也出現了由投資人擁有的連鎖機構。隨著這股潮流而來的，是諸多問題。不時我們會在報紙頭條上讀到相關的醜聞。而且，經常發生的情況是，照護的品質很差。負責大部分近身照護工作的，是最沒受過訓練的員工。院方沒有妥善地評估病患，提供照護的地方通常都使用監禁管束的手段，大家對施虐施暴視而不見，病患根本毫無權益可言，心理疾病也沒有得到治療。安養院在選擇員工時，還不懂得剔除掉有犯罪前科或虐待病患紀錄的人。八〇年代末期、九〇年代初期時通過的矯正性法案，處理的正是這些問題。

此外，隨著銀髮族人數大增，有越來越多人把注意力放在安養院及其他長期照護服務上。在此同時，醫界也推出更多的老人學與老年醫學的醫師與護理師專科及認證方案。安養院逐漸整合納入醫療運作的系統當中。

時至今日，安養院照料的是最衰弱、病得最重的老人家。入住安養院的病患社經背景各異，全美有一半的安養照護日數費用是由聯邦政府醫療保險給付。聯邦政府醫療保險不負擔長期照護，只涵蓋短期入院復健、某些設備如特製輪椅，以及某些用品如傷口照護的必需品。雖然多數病患入院時都不至於貧窮，但過不了幾個月，很多人就耗盡了所有積蓄，合乎資格接受聯邦政府醫療保險的補助。住在安養院的病患約有三分之一的入住時間短於六個月，另外三分之一住了六個月到兩年，剩下的三分之一則住了兩年以上。

對於照護品質的監督

美國的安養院目前已經受到嚴格的規範，比過去接受更多的監督。有關當局已經制定了相關的系統，監督指向照護品質不良的指標，例如壓瘡（褥瘡）、造成傷害的跌倒、用藥不當、使用管束監禁措施、糞便嵌塞、疼痛管理失當、以及意外的功能退化。

安養院在老人入住時必須先加以評估，之後在特定期間內也必須持續評估。要取得照護服務人員的證書，一開始也一定要接受最低限度的訓練，而且每年都要持續接受教育訓練，累積積分。監督單位規定安養機構一定要有品質保證方案。每一家安養機構都一定要有指定的醫療主任。州政府和相關監督機構會在網路上貼出監督報告，每一家安養機構也必須明顯地貼出他們的調查結果。即便在安養院運作上有這麼多矯正性的改變，進步空間還是很大。

做決定

安置父母，是你必須要做的決策中最痛苦的一種。怎麼說？首先，你的父母不想離家，很可能大力反對。「你要把我送去安養院？你是要我去死嗎？難道我為人父母做得不夠好嗎？你為什麼不乾脆把我丟掉算了？」現在你要遭受轟炸，內疚感掃射你全身。其次，身為照護者的你，內心矛盾而且充滿疑惑。「我該做的真的都做了嗎？有沒有什麼是我還能嘗試的？」

身為照護者的你被這些情緒內耗，但你必須把情緒放在一邊，以合乎邏輯、清醒且保護家人的方式來面對整個情境。請仔細評估親人的情況。以下是特別需要探究的細節：他能不能自行洗浴、穿衣打扮？能不能自己如廁？能不能安全地坐在椅子上以及從椅子上起身，能不能上下床？能不能自由行走？能不能取得食物與備餐？能不能自行進食？能不能自行服藥？能不能找機會從事社交？如果在以上的問題中大多數你都回答「否」，代表長輩非常可能已經無法再獨立自主。深呼吸一下，問問自己：「我真的能提供多少協助？」

以下是更多你應該深思的問題：如果你把長輩留在家裏，這個家是適合的環境嗎？你們需要多少照護？你能不能啟動一套安全而且實際的計畫？計畫的成本多高？錢要從哪裏來？計畫要持續多久？沒有錢時會怎麼樣？

支付居家照護費用

聯邦政府醫療保險大致上會給付符合特定資格的居家病患暫時性的照護費用——技術性的服務，如居家護理、物理治療、職能治療等，同時也補助非常有限的居家看護人員服務費用。一般而言，聯邦政府醫療保險不給付「看管性服務」費用，如監督、個人照護、備餐與整理家務。若能提供必要的證據證明有醫療上以及財務上的需求，聯邦政府醫療保險才會給付這些服務的費用。然而，多數長者會自行支付居家健康照護的費用，從居家照護機構聘用服務人員或員工，用存款和雙腳投票，決定要待在自己家中，不願意尋求安置。

安排居家照護

如果你覺得居家照護是你想要的方式，你需要找到資金來源。如果你家中的長輩符合聯邦政府醫療保險的資格，聯邦政府醫療保險人員將會執行評估，並發展出一套照護計畫。另一方面，如果你家長輩有錢付得起，那你的下一步就是發展出一套居家照護計畫：詳細列出照護服務人員需要提供哪些服務？長輩一天實際上需要多少小時的照護？要能決定這些項目，照護者必須先了解長輩可以安全地在家獨處多久。讓他們夜間獨自在家會有危險嗎？請考慮以下這幾點：他們可不可能亂走到室外？他們是否跌倒過？他們認不認識住家附近的路？緊急時他們能不能求助？他們能不能安全且獨立地離家從事社交以及各種活動？比方說，前往老人中心、成人日間照護中心等；這些地方可以提供社交、餐飲、監管與交通，或許是很好的有限居家照護輔助機制。

尋找居家照護

如果你已經認定長輩不需要全時協助，那麼，你可以去找鐘點照護人員。另一方面，如果你的長輩需要持續性的監護，你就需要全時的照護服務人員。有不同的做法可供你參考：聘用全職的住家看護，每天分成兩班制或三班制；或者一位家人擔負兼職照顧責任，並輔以聘用的看護人員。要找到外界的支援，你可能要聯繫所在地登記有案的居家照護機構，最好能有聯邦政府醫療保險認證。你可以去找認證居家照護服務人員組織（Certified Home Health Aide，簡稱CHHA）或是認證安養助理組織（Certified

Nursing Assistant，簡稱CNA）。這類機構通常會針對服務人員進行推薦人驗證與背景查核，也會由註冊護理師（registered nurse）提供評估與監督。有些機構會負責發薪與處理稅務。問一問是否涵蓋這些服務。有些機構會在一開始收取一筆媒合費，而你要負責處理其他的事項。或者，你也可以透過家人、鄰居或朋友推薦尋找照護服務人員，可能也要進行推薦人驗證與背景查核。你不只要看他們的書面資格，也要注意他們的個人特質，比方說惻隱之心、溫馨和仁慈等特質。在這個過程中，一定要有人負責，比方說家中的戶長或監護人。當家中孱弱的長輩無法自行負責這些事時，通常家裏要有人接手。聽起來很可怕嗎？是的。有必要這麼做嗎？是的。

在你排除家庭照護這個選項之前，還有其他方案可考慮：你可以聘用專業的老人照護經理，幫助你建置家庭照護機制並負責監督。這是一種相對新穎的服務，是老化爆炸、「三明治世代」的壓力以及多數成人子女都要工作等因素下所衍生的結果。附帶的優點是，這類服務具備高度的跨區行動力，可以滿足大量的遠距照護。成年子女雖然無法適時回到父母身邊，但他們也希望能確定自家的長輩有得到照護。

某些州會提供替代性的居家式安養院，一般是特殊的放棄聯邦政府醫療保險的人才能得到這項補助金。這些長輩滿足財務與醫療標準，但他們仍選擇留在自家，接受各種不同的服務。這類方案是傳統居家照護的延伸，但通常沒有二十四小時的看管式服務，因此比較適合非獨居的長輩。

居家照護適合每個人嗎？

你想在家裏照顧父母，父母也想在家裏接受你的照顧，兄弟姊妹希望你這麼做，連鄰居可能都這麼想。你的感性面催促你去做，但現實又如何？你真的能成功嗎？

不管怎麼看，在家照料長輩都不是一種靜態的情境。你必須隨時保持警覺，在一分鐘之內做好準備。照顧你爸爸的看護打電話給你，說她找不到人。他一定是趁她洗澡時亂跑不知去向了。你要去哪裏找？你要打電話給誰？或者，你媽媽的看護家裏有急事，她必須搬到另一州去，而且是馬上就搬。她在你家工作好幾個月了，你手上根本沒有任何替代人選。也可能是，你媽媽的狀況忽然急轉直下，必須直接送到急診室，而你也必須馬上趕到。另一個例子是：廚房的水龍頭本來只是漏水而已，忽然間卻變成狂洩。看護人員無法把水關掉，附近也沒有人能幫忙。誰能不顧一切趕到？

居家照護可能和機構照護一樣昂貴，甚至費用更高。比方說，如果你的受照護者睡眠模式不固定，就像在失智症後面階段會出現的徵狀一樣，那你可能要找二十四小時監護與協助，可能被迫要用輪班照護（分為兩班十二小時，或三班八小時），要按鐘點計費，而無法聘用住家看護。或者，如果受照護者很胖，有時候可能會需要動用到第二人，幫助長輩起身與移動位置，這也會導致費用增加。

安置或許不是你的第一選項，但現在了解居家照護的複雜性之後，你可能需要重新考慮。

重新考慮：我現在在做什麼？

時間到了。選擇很難，但安置已經迫在眉睫。哪一種類型的機構最適合親人的需求？當一般人在思考機構安養時，通常腦海中一開始會想到的就是安養院。過去安養院確實是唯一的選擇，但今非昔比。機構照顧的種類繁多，每一種提供的都是不同的服務組合。到底有哪幾種不同的機構安養？

寄宿家屋（boarding home；譯注：提供膳宿，類似老人公寓）、團體家屋（group home；譯注：照護機構設計為小型家庭式，配置如一般家庭的空間，臺中醫院即設有團體家屋）、社區住宅式照護機構（residential care facility；譯注：在社區裏的限定空間中，群居兩個或以上的無親屬關係的老人，提供生活協助）以及協助性照護機構，適合一般的長者；這些長輩不需要持續性、技術性醫療服務，比方說二十四小時的現場照護、複雜的飲食安排或嚴重壓瘡的傷口護理。提供這類層次照護的機構名稱不盡相同，服務內容也會有地區之別。有些機構會專門針對特殊的情況，比方說阿茲海默症、慢性精神疾病或腦部創傷。機構的規模和費用也不一樣。有些規模小，和典型的安養院比起來，比較有居家環境的感覺。各機構的員工人數和提供的服務也大不相同，對於比較喜歡小規模安養環境的人來說，或許是很好的選擇。還有，這類安養的成本或許比較低，對於資金有限的家庭來說是另一個吸引人的特點。某些補助計畫（州政府醫療保險、殘障補助或喘息照護服務）會給付一部分機構安養的費用，但不同的州規定不同。

持續性照護退休人士社區會為其居民提供不同程度的「生活照護」。這類機構通常是院區式的，提供的照護包括獨立生活協助、協助性照護、居家照護、安養照護與善終關懷照護，有些社區也有專屬的醫療人員與診所。這類社區有些相當高級，有些也很一般，當中的費用差距就很大。持續性照護退休人士社區的優勢，在於居民可以在熟悉的社區中得到各種不同程度的照護，就地滿足他們不斷改變的需求。而且，對於照護需求水準不同的夫妻，也可以住在同一個社區內，健康的配偶很容易就能去探望生病的另一半。要支付的費用不一定會隨著照護需求增加而提高。之所以能這樣，是因為有時候一開始的入住成本高昂，可以用來支應與補貼後面的運作。如果父母還健康，這是很好的選擇。但因為持續性照護退休人士社區的概念有點像保險，因此已經患有某些疾病的人可能就會被排除在外。而且，當你的親人真的需要入住安養院時，選擇這種照護方式的時機就已經過了。

協助性照護

協助性照護，是讓老人家住進提供各種照護服務的地方。安養院是為每一位住客提供全套的服務，而協助性照護不同，比較像是點菜式的，你可以只選擇你需要的那些服務，而費用則依你選定的服務項目而定。協助性照護機構有獨立式的，有的則是設在提供不同照護的大型院區當中的一角。協助性照護有個人經營的，也有企業經營的連鎖機構。出資人的企圖可能是非營利性，也可能是營利性的。

協助性照護機構裏的長輩是住在套房或小公寓裏，可能是單人房，也可能和人共用，他們可以獲得基本的套裝服務，包括打理家務、膳食、照護監護、活動、看醫生的交通往來、宗教服務以及戶外活動。住客也可以購買額外的服務，包括用藥管理、個人照護協助、參與活動的來回陪伴以及護理服務。協助性照護的住客可以把自己喜歡的家具帶進來，如果他們還能開車，也可以擁有車輛。

有些協助性照護機構有專門的失智部門，規模、照護內容、訓練以及住戶的選擇標準差異很大。明智的家屬務必要確認，到底他們的失智部門具有什麼特點，才能成為一個專門部門。

協助性照護的費用，多半是私人支付，但有些州會透過州政府醫療保險方案支付其中一部分。還有，某些長期照護保單也會支付這種程度的照護。若以生活美學的愉悅感來說，協助性照護一般而言會勝過安養院，也因此，家屬比較會屬意協助性照護。對於照護需求較低的個人來說，協助性照護也沒這麼貴；但是，當照護需求陡然增加時，成本也會跟著大幅提高，做決策時這些都要納入考量。

選擇協助性照護機構

各協助性照護機構的機構設計、氣氛、規模、出資組合、員工、提供的服務和成本，都不相同。在美國，還沒有訂出全國性的標準，各州的規範也不同。不同的地區能獲得的協助性照護服務也不一樣。如果你認為家中長輩適合這類照護，你就要選擇一家最適合長輩需求和喜好的機構。

盡可能去收集資訊：問問親友鄰居、神職人員、醫師和社區總幹事，然後列出可能選項的清單。之後，你要實地訪查：親自到機構去，到處看看，問問題。一開始你可以帶著親人去，也可以不要帶，端看長輩有沒有辦法去，他的認知能力如何以及他有沒有那個精力。如果長輩同意由你選出最後的候選機構，到了後面階段才一起去訪視，那就照辦。之後，你們可以一起去訪視選出來的一、兩家機構，看看房間和套房的設備，甚至吃吃看那裏的中餐。你該注意哪些重點呢？

機構

建築物的外觀和設計能不能吸引人，讓人覺得愉悅？環境乾不乾淨，維護得好不好，有沒有臭味？是否光線明亮？有沒有可以從事活動與用餐的舒適環境？能不能很簡單就找到人幫忙？對於行動不便的住客來說環境是否友善：有沒有很容易就能搭乘的電梯？淋浴間有無障礙空間嗎？走道夠寬敞嗎？走廊有沒有扶手？每個地方都可供輪椅通行嗎？個人居住的環境又如何？機構有沒有貼出相關的執照和查核報告？有的話，請看一看。

住客

住客看起來開心自在嗎？他們有沒有和彼此往來交誼？他們有沒有加入各項活動？當你走過時，他們會和你互動嗎？他們看起來適合成為你家長輩的朋友嗎？

員工

員工是否讓人覺得溫馨可親？他們是否叫得出住客的名字，並與他們互動？每一班有多少位員工？他們受過什麼樣的訓練？誰負責管理藥品？護理師多久會過來一次？

服務

機構有沒有針對每一位住客提出書面的服務或照護計畫？誰負責評估住客的健康與個人照護需求，多久評估一次？在哪些條件下住客可以退院，程序是什麼？關於藥品的存放、協助用藥以及保存用藥紀錄這些事，機構的政策如何？是否允許住客自行用藥？未來住客如果需要轉到安養院，機構的政策是什麼？他們有沒有和特定的安養院合作？有些協助性照護機構是大型照護系統或院區的一部分，這些大系統當中可能包括了安養院和醫院。了解相關的資訊非常重要。

餐飲服務

每天是否供應營養均衡的三餐？有沒有點心？有沒有特殊餐？如果有的話，是哪一種？餐廳的環境如何？實際上負責協助用餐的人是誰？是餐廳裏服務的員工，還是由個人照護助理負責？在哪些條件之下，住客可以要求送餐到個人房間？需要額外收費嗎？貼出來的菜單會讓人食指大動嗎？有沒有貼出廚房查核結果，而且是「令人滿意」的？

活動

住客很忙碌，還是到處閒坐？他們是不是黏在電視機前面打瞌睡？貼出來的活動是否豐富有趣，你的長輩會不會喜歡？

交通

對於接送住客去就診、參加活動、購物和上教堂，機構的政策是什麼？他們使用哪種車輛？有沒有人會陪伴住客就診，還是只負責接送？

失智部門

有些機構有專門的失智部門，但各家的內容大不相同。當住客住進協助性照顧機構之後，便「就地老化」，他們的認知能力可能會衰退，需要專業服務。此外，失智病患的家屬可能會越來越傾向於尋求協助性照護，因為通常這種照護的成本比較沒那麼高，也比安養院有吸引力。家屬必須確定該機構的失智部門到底為何可以成為一個專門部門，包括環境特色、員工、員工訓練、膳食服務、活動、一般住客的外表看起來怎麼樣，以及他們到底提供哪些服務。問一問費用是多少，另外還要支付哪些額外費用。比方說，某些機構對於失禁照護就要另行收費。

契約和成本

和院方索取契約範本或住客合約，以進行審查。你可能希望先給律師看一看，之後才簽名。你可能想知道一旦你的親人沒有錢時會怎麼樣：如果你的親人在協助性照護服務上可以接受州政府醫療保險補助，那麼這家機構有沒有資格獲得補助？

選擇安養院

每一家安養院都不一樣。每一家機構的規模、老闆是誰、提供的服務、照護成本與品質都不相同，你必須按其本身的狀況來評估。不要隨便選一間，你一定要認真地去尋找資訊。但是你要知道，有些地區的選擇很有限。在鄉下，有些地方在半徑五十英里的範圍內可能僅有一家安養院。

要得出最後的選擇清單，請謹記一條捷徑：請父母的醫師、朋友、神職人員和鄰居推薦。打電話給當地的長者服務辦公室問問，可行的話，也可以聯絡專科疾病協會，比方說阿茲海默症協會。現在你列出選擇清單了，以下是一些你要檢視的重點。

先從地點開始。往來方便、距離近是首要考量，這樣一來才方便你探視。長途跋涉會加重你的壓力負擔。家屬，比方說你，是照護團隊中非常重要的一分子。即便你可以把日常照護交給安養院人員接手，你還是一位照護者。然而，你的角色會有點不同：你成為資訊來源、訪客、加油打氣的人、鬥士、安撫者、也是安養院員工的資源。請記住，你為這個新的「照護家庭」提供了什麼，對長輩的照護品質影響很大。

你要知道各家安養院提供哪些服務。不要害怕提問。比方說，如果你的母親患有失智症，你可以問問院內有沒有指定的失智部門，你的媽媽能不能住進去。如果沒有特殊部門，你可以問問院方有沒有特別的措施，可以防止你媽媽在沒有人注意之下亂走跑到外面去。你也會想知道院方提供哪些特殊活動，員工有沒有受過和失智病患特殊需求相關的訓練。

反之，如果你母親在認知上還很「靈光」，那又能為她提供哪些服務？院方有沒有專責單位特別關注這類住客，安排適當的室友、用餐同伴或活動？或者，這類住客必須要離開自己的居住單位，到別地方去用餐和參加活動？在用餐時間看看用餐環境，看看活動行事曆，親自參與你覺得可能適合長輩的活動。

如果你的長輩需要復健，看看院方有哪些相關的政策，到底提供哪些服務。每天有幾個小時的治療時間？治療通常包括物理治療、職能治療和語言治療，另外還有一般的安養院服務。有些機構也提供認知復健。物理治療必要的操作項目如平衡與行動力、強化肌肉與關節功能、舒緩疼痛，以及輔具的使用教學，如拐杖、輪椅和助步器。職能治療則是要強化或重新學習日常生活活動與行動的協調。語言治療著重溝通技巧，也訓練吞嚥能力。

你也可以問問這家機構有沒有專門的復健或「亞急性」部門（不同院所的名稱可能不同）。如果有獨立設成專門部門，這表示這裏住有許多同質性很高的短期留院病患。有些機構專門從事復健，名稱可能是復健醫院或復健中心，而不叫安養院。有些安養院可能也設有很專業的復健單位，比方說心血管疾病或中風後照護。請注意，復健的需求常常都是事發突然，常發生在手術住院或中風之後，必須快速選擇安養機構，而且空位有限。

問問看院方的財務政策。如果是個人付費，他們索取多少費用？費用中包含哪些項目？如果長輩的錢用完了，那會怎麼樣？他們能不能接受州政府醫療保險補助？可以從個人付費平順地轉為州政府醫療保險補助嗎？院方能否協助編製文件與申請州政府醫療保險？如果他們不接受州政府醫療保險病患（多數的安養院都接受），要事先了解這一點，如果你父母的錢很可能用完，考慮其他地方。

院方的員工住客比率多高？邏輯上來說，每一位認證助理護士（**certified nursing assistant**）被分配到的住客越少，照護品質越好。但是，這個比率只不過是個開始。首先，安養院是三班制，每一班的員工人數不同，夜班的人數通常較少。在某些時候，晚班員工較少是非常不當的做法。比方說，因為失智而出現的睡眠模式改變，有些病患甚至會晝夜不分。當這些人在晚上要起來時，他們需要能找到人。其次，安養院裏還有各種不同的行政性與諮商性照護職務，包括醫師、護理教育人員、傷口護理專家、感染控制專家以及品管人員。這些職務當然很必要，但是，他們通常不是負責隨身服務的人員。實際上的安養照護都有註冊護理師或有照護士（**licensed practice nurse**；譯注：美國的護理人員按其專業程度分為三類，最專業者稱為註冊護理師，其次為有照護士，接下來是認證助理護士），他們也會負責派任和監督服務人員。

提供照護的持續性，是非常重要的安養服務品質指標。這可以用員工的流動率和派遣員工的比率來衡量。流動率越高、使用的派遣人員越多，員工越不可能熟悉住客，也比較不能提供一致的照護。

安養環境如何？你人到了，你看、你聞、你聽。你最初的直覺反應是什麼？你有沒有覺得想逃、想哭、想大叫，還是覺得想留下來多了解一些？整體環境看來吸引人、維護得很好嗎？用餐區乾淨嗎？有沒有任何臭味？有沒有溫馨迎人的角落與地方可供談話與獨處？有沒有提供有趣的活動？員工是不是很細心，有和住客互動？他們是不是很快就能回應住客的需求？

供餐時間如何安排？用餐區域看來如何？食物的外觀和氣味如何？住客可以快速取餐嗎？員工會不會幫忙撕開或打開食物、打開牛奶罐、使用調味料及把食物切成小塊？有要求的住客有沒有替代性的選擇？實際供應的餐點符合張貼出來的菜單嗎？有沒有符合你家長輩飲食偏好的餐點，比方說素食、猶太飲食或是特殊的各國料理？用餐時間是參觀機構的好時機，讓你可以親自去查核相關事項。

有哪些活動？看看院方貼出來的活動時程。時程表中的內容是否豐富，有眾多選擇，包括娛樂、節慶、小團體活動、個人活動和宗教服務？院方有沒有處理特別的興趣和需求？有沒有傍晚和週末活動？活動的區域是否舒適？空間是否夠寬敞，容得下所有參加的人？有沒有提供遊戲、設備和材料，讓個人或小團體可以從事自己的活動，比方說打牌、下棋，或是玩電腦？負責活動的人員呢？有多少人？他們的班表如何？在傍晚或週末時，至少某個時段找得到他們嗎？

照護的品質如何？透過安養院報告、安養院評比（Nursing Home Compare）以及州政府保險暨聯邦政府醫療保險各中心品質倡導行動（Centers for Medicare & Medicaid Services Quality Initiatives）等來源，可以從網路上取得相關資訊。安養院報告提供的，是各州衛生部最近一次的調查結果。請記住，這可能是一年或更久之前的狀況，現在情況不見得相同。如果某些院所當時評比不佳，現在的狀況可能很好；若是當時的評比很好，現在未必能維持。品質倡導行動涵蓋一些重要環節，如壓瘡、感染狀況的發展、不當的疼痛控制、以管束監禁的方式控制身體與不提供基本日常活動。這些資訊當然很重要，但同樣要注意的是，這些並不足以說明一切。你的感覺會告訴你很多情報。你覺得住客看起來都有受到良好的照護，一副滿意的模樣嗎？

想一想你的親人。考慮一切之後，根據你對他以及對這個地方的了解，他能不能輕鬆自在地待在這家安養院裏，能不能受到良好的照顧？再想一想你自己：把你的愧疚感和矛盾心情放到一邊，你覺得你可以自在地來探視父母嗎？如果你對於這些問題的回答都是「是的」，請信任你的直覺，和父母與安養院的人員合作，實現這套計畫。

安排父母入住

羅素說：「我不知道要怎麼帶他去。我認為這是很好的安排，也是他需要的，但是，天啊，真的要帶他去時……又是另一回事了。」這是常有的顧慮。接下來我們將提供各式各樣的建議，有些可能不符合你的風格。你可以改編、轉換，但重要的是要達成目標：妥善安置你的父母。

從醫院到復健中心通常會比較容易一些，因為這多半是醫囑，而且離開醫院一步就代表離家又近了一步，但也有不同的情況。你可以做的最佳說明如下：「這是醫師吩咐，會讓你好一點。我們會去探望你，等你準備好了，就接你回家。」

要進住協助性照護機構或安養院接受長期照護，通常比較難啟齒。如果是直接從醫院過去，會稍微容易一點，因為還有康復的希望。要一個人離開自己的家，很容易就會踩到對方的地雷。這個家多年來都是他們的防護網，是很熟悉的地方。而現在，要從一個熟悉的地方搬到一個未知之地，這會讓人很害怕。不管他們做了多少準備，多麼開明，他們心中還是會充滿危機意識。對於身為成人子女的你而言，這會造成哪些影響？會讓你身上已經很重的壓力更加沉重。但是，不要偏離方向。你需要堅定、以目標為導向並富有同理心，而且是同時要具備。

如果父母已經失智，那怎麼辦？你要如何轉移照護地點？在很多情況下，你無法對他們說太多。就算你說了，他們也記不住。提前告知他們也沒有什麼幫助。事實上，說得太多可能會引起災難式的反應。那麼，你要怎麼辦？基本上，你只能去做。不管發生什麼事，你都要加以因應。在晚上他們睡覺時或他們不在家時打包行李然後搬上車，藉此避免或降低他們的躁動。在搬遷那天，帶足一星期的衣物、他們的衛生用品、家庭照片以及他們最愛的小毯子被子或物品。如果可以的話，在他們入住之前，你先把他們在安養院裏要住的房間擺設好，讓他們至少有一點熟悉感。你可以在他們的情緒比較不激動的時候再把其他物品帶過來。

當你準備好離家時，讓他們抱住心愛的物品，一路上也可以給他們吃最愛吃的點心。如果他們在家時是由家庭照護服務員照顧的，請服務人員也一起過去，幫助你的父母安頓下來。想辦法在上午到接近中午時抵達安養院，這樣一來，他們可以從事一些其他活動或有些社交機會，有助於入院流程。和他們一起吃午餐也是好主意。

你到底要跟他們說什麼？找一些正面的觀點，善加利用。比方說，如果你的父母熱愛音樂，就強調他們將能享受音樂方面的活動和娛樂。如果他們喜歡社交，就強調他們會有機會和別人交流（他們可能在家裏悶很久了）。如果他們曾經跌倒，那就強調這裏會有人照料他們，不管日夜，在這裏都會得到保護。如果他們一直堅持自己不需要住安養院，你可以回答：「醫生說你現在必須住進去，幫助你走得更穩、體重增重一些、或是和其他人交流。」不要許下任何你不能或不會遵守的承諾。不要承諾你一定會接他們回家。反之，你要用不確定期限的說法，如「我們要看看你的情況怎麼樣」、「試試看住一陣子」。你要保證你還是愛他們，一定會支持他們。

最初幾小時（甚至最初幾星期）會很難受。面對安置，長輩同時要面對的是認同危機：「我是誰？」「我在這裏做什麼？」他們現在必須去適應別人規定的程序，因為，不管你選的機構再怎麼「跟家裏一樣」，總是要遵守一些基本的常規。離開他們熟悉的環境，代表著失落。

你和長輩都必須大幅調整自己。你要知道，你們都會撐過去的。但是你也要知道，在過渡期間，你也要關心自己。你如果想在探望時減輕一點壓力，你可以找人陪你一起去，替你打氣；你可以問問看朋友、配偶、手足、大一點的孩子，讓他們陪你一起去。如果找不到人，你可以在允許你和長輩一同參加活動的時間去。還有，在你沒有去探望時，請回歸你的正常活動。

安置：實際上能做到哪些事？

進行安置，代表我們把照護親人的實際工作交給機構，期待自己能因此鬆一口氣。但結局不一定如此。雖然實際上的工作減輕了，但後續的情緒感受卻澎湃洶湧。在照護親人多年之後，安置是一種失去，你失去了一個消耗一切的職務，一份建構我們人生的工作。也許你也覺得很丟臉：你可能會把自己的安置行為視為「失敗」，想像其他人也是這麼看你。你可能覺得很難過，你可能覺得失去親人，覺得悲痛。而且，你可能也覺得很內疚。在理性上，你明白，你只是做了該做的事而已，但是，你的情緒反應卻一直揮之不去，罪惡感尤其嚴重。有一位人子就說過：「就算我知道我媽媽受到很好的照護，現在的狀況比她住進安養院之前更好，但每一次我去探望她時，我還是感到非常內疚。」

即便你把實際照護的工作交了出去，你還是很焦慮，很擔心別人有沒有做好。「媽媽半夜要找我時，他們會怎麼跟她說？她能不能找到廁所？」你真的很希望能每天都去看，而且能一直留在那裏。畢竟，你是唯一真正知道該怎麼做的人，對吧？一般而言，安養機構有能力、也願意好好照顧住客。在你的協助之下，他們會熟悉你家長輩的習慣、好惡以及習性。他們會把這些因素納入考量。如果可以的話，你要定期探望，並鼓勵其他人也這麼做，包括鄰居、親友、其他親戚和孫子們，但不要每天都去。當你克服最初的震驚之後，你會明白，現在你總算可以留一點時間、力氣給自己了。現在你該開始重建你的人生了。

莎蒂的故事：成功的安置

莎蒂和女兒珍妮以及女婿尤金一家人住在一起。後來莎蒂變得很孱弱，需要貼身照護，照護的負擔越來越重，壓縮著珍妮的時間和體力。尤金覺得，太太都不管他和孩子們。有一天，莎蒂跌倒了，大腿骨折。她必須動手術，因此住院。出院規劃人員敦促他們，要好好考慮讓莎蒂入院復健。莎蒂很喜歡復健機構，表達她很想長期留下來。認清楚照顧莎蒂牽涉到多少工作之後，珍妮和尤金判定，安置不僅對莎蒂來說是一件好事，對他們的婚姻也比較好。對這一家人來說，安置是很正面的事。

順利探訪的祕訣

設定實際的期望：在最初的調適期間，你的親人可能變得更糊塗、更沒有方向感或更焦慮。還有，不見得你每次去的時候一切都那麼完美。你的親人可能拒絕去美容院，就算你特別安排他們也不肯。媽媽的眼鏡可能不知道遺落在哪裏了。試著盡你所能去解決問題。

要了解親人的感受。請拿出同理心和開放的態度，面對你每次探訪時可能會遭遇的各種不同反應：對你發脾氣、對食物發脾氣、對員工發脾氣、對這個地方發脾氣以及對人生發脾氣。反之，他們也可能對食物很滿意、對護士很滿意，但還是對你發火。不要被負面的感受給吞沒了。而且，不要表現對抗的態度，也不要試著用合理化的解釋視而不見。如果你的親人變得很難相處或情緒大幅波動，就縮短探訪時間。冷靜地對他們說，你現在必須離開了，但很快會再來。感覺就是感覺，隨它們去吧。這句話對你來說也適用。

把你的探訪調整到最適當的狀態。規劃探訪，配合院方的活動，讓你可以和親人一起參與，比方說某些娛樂活動或派對。或者，在你探訪時，偶爾你可以陪著親人出去走走或載他們到外面去，換換風景，呼吸新鮮空氣。你也可以把活動帶進來，比方說帶來相簿、家庭錄影帶、寵物、孫子、新文章、編織、針織或縫紉。在你更熟悉安養機構之後，你可以和其他住戶以及他們的親人一起來探訪，好讓大家都有更多的社交機會。

要和安養院的員工溝通。多了解他們，記住他們的姓名，感謝他們的照護，讓他們知道哪些地方做得好、哪些地方不好。

我們列出了相關的步驟，希望讓你和你年邁的父母過渡到機構安養的過程能少一點痛苦，但這些步驟不一定那麼容易就能照著做。人類行為有其不完美之處。有些孩子很成功地處理了整個過程，有些則失敗。一般來說，抱持著善意的子女，會在成敗之間擺盪。在這次重大的人生改變中，你最實際的目標，是要幫助父母做出理性上更讓人滿意的調整，而且，在過程中，要讓你自己達成理性的心態。耐心、了解與同理心將會幫助你成功。

安置之路充滿坑洞，卻也是長期、磨人的照護之旅的最頂峰。對許多人來說，安置象徵著熟悉且寶貴的關係出現了無可回復的變化。但是，我們可以保證，你所做的，是該做的事。現在，有一個由照護者組成的團隊將會負責來照護你日漸衰老的親人。你是照護團隊裏的重要一員，未來也將如此，但至少現在你不用孤獨地承擔艱鉅的任務。

第9章

當你的父母是「難纏」的父母

不管你相不相信，你的父母都曾經是孩子、青少年、青年，最後才成為現在這個垂垂老矣的老人家。他的個性也伴隨他一路同行。你沒看到播下的種子、發出的芽，現在這已經變成一棵大樹，完全長成。而，地底下的盤根錯節，你同樣不明瞭，也看不到。以前難纏，代表現在也很難纏。牆上本來的一條小縫，現在可能已經裂成一條溝。而你，必須概括承受。

最難應付的特質是什麼？莎士比亞的李爾王（King Lear）是很好的例子：他不只希望女兒們要不斷地敬愛與注意他，他根本就是直接要求了。等到他無法統治，失去自尊讓他陷入羞恥，因此對著別人發脾氣。他需要持續不斷地喝采，這股渴望永不歇止，不管女兒們做了什麼，他都覺得不對。

什麼原因讓為人父母者這麼難相處？因為他們沒有察覺到自己很難相處，也沒有能力去認知自己的行為已經影響到別人。不管他們的內在經驗是什麼，現在都已經滿出來潑到你身上，但他們概不負責。就像文學家王爾德敏銳地觀察：「他們看，但視而不見（they look but do not see）。」

你是不是一向都覺得父母很難相處？不是的。小時候，你看到的只是兩個高大、了不起的巨人，他們照顧你，抱住你，餵養你，撫育你；除了虐兒的案例之外，每一個父母都是孩子的英雄。你把他們理想化，這是正常的成長發展過程。他們映射出你，了解你是誰、你的本質是什麼，而你，逐漸長大成人。但是現在，他們的行為變了，而且這不一定是老化造成的改變。

即便都是難相處的人，其難纏之處也各有不同。雖然我們現在談的不是精神疾病的診斷，但是當惱人的行事作風太過頻繁或嚴重時，也會是一大問題。以下是照護者一般覺得最難應付的幾個人格特質。

操弄成性

操弄通常會讓人聯想到騙子，欺騙、偷竊或利用人心以達成個人目的，不太關心或在乎別人。但是，操弄是每一個人都會做的事，也可能讓人受惠。當有人跟你說他想去看某一部電影時，你可能會脫口而出說：「喔，千萬不要，那部電影的評價糟透了。我們去看另一部吧，那部的影評很棒，而且大家都說這是『必看』的電影。」這個時候，你就在操弄。如果懷抱的是善意，操弄可能有益，比方說，讓本來想要去看那部爛電影的人因此受惠。

丹恩的父親就不是這樣。丹恩說：「我爸爸希望來和我住。」

他在說笑吧？他要跟我住？他一定是瘋了。你知道他以前怎麼當爸爸的嗎？他可是操弄高手中的高手。這些事都可以寫成好幾本書了。他娶了我媽，生了我們三個，我、我姐和我妹。他是警探，不常在家。每次媽媽問他去哪裏了，他都說他在「忙一個案子」。嗯，這就是警探的工作，對吧？我媽媽人很好，也很天真，這也正是我們愛她的原因。當她質疑為什麼有時候他要帶著衣服出門，或帶著髒衣服回家洗時，他說他都在車子裏換衣服，希望覺得清爽一點。他總是有藉口。有一天，我媽有個朋友問她是不是離婚了。我媽說：「沒有啊，我們沒有離婚。誰告訴你的？」她說她在一場會議上遇見一個人，對方自稱為某某太太，用的正是我爸爸的姓。這位女士說她先生是一位警探，他們住在離我父親辦公室不遠處。我媽跑去質問我爸。接下來聽好了：沒錯，他真的有另一個妻子，還生了兩個已經成年的女兒。當然，這是不合法的，他算是重婚，我們三兄妹有了兩個同父異母的姊妹。我們震驚、困惑、憤怒而且沮喪。媽媽從震驚當中恢復過來，和他離婚，從沒原諒他，也從沒忘記這件事。她設法把人生拼回去，繼續過她的生活。我們敬畏地看著，在背後支持她。

我爸？他現在在退伍軍人醫院，有一點失調，但正要出院。他想要去哪裏？我家。他到底知不知道，他的謊言和操弄毀了我們這個家？不，他完全不了解。他應該去哪裏？以前他可以操弄別人，那就繼續這麼做吧。這種人總是會有辦法的，不是嗎？不要牽扯到我就好了。

你在其中扮演什麼角色？你一定要弄清楚。操弄是改不了的。如果你可以同情對方，而且，就算是如前述故事中的負面操弄，如果他的操弄對你來說不會造成太大損失，那就盡量做你能做的事。你要了解這是一輩子的人格特質，去做你能做的，保護自己免於成為或持續成為受害者就好。

以丹恩的情況來說，醫院會安排照顧他父親，丹恩知道他爸爸不會流浪街頭。丹恩有太多的憤怒，讓他無法把爸爸接回家；而且，另外也有其他人「飽受苦難」。後來，丹恩才發現，「另一個妻子」不想要他，她的女兒們也一樣。

無助

一般而言，社會認為老人家很衰弱。你很少看到他們打網球、參加馬拉松並贏得勝利，很少聽到他們擁有活躍的性生活，也不會在大螢幕或電視機前面看到他們以情人之姿出現。也就是說，人生的遊戲規則顯示，老年人已經玩完了：我年老、體衰、無助，什麼都做不了，什麼也管不了。你，身為照顧我的親人，必須替我打點一切。不僅如此，你還必須快速且妥善地把事情做好，忘了你自己的存在。也因此，老人家有時會利用他們的衰弱來進行控制，而且是控制每一個人。如果他們和孩子同住，到某個時間之後就不能把音樂放得太大聲，因為「爺爺／奶奶／爸爸／媽媽受不了；他們要睡覺，他們不喜歡這種音樂，不然的話他們會頭暈。」當每個人都屈服於無助時，生活也近乎停滯，因為這股無助讓每一個人都進入了相同的模式：無助。

有個做兒子的去安養院探訪爸爸。做爸爸的說：「她都不幫我做。」兒子問：「做什麼？」他知道他爸爸說的是安養服務員。「嗯，她都讓我髒兮兮的。」「你說髒兮兮是什麼意思？」爸爸生氣地說：「她都不幫我擦屁股。」做兒子的深深吸了一口氣。「爸，為什麼她應該幫你做這個？」爸爸回答：「你有什麼毛病？難道你看不出來我的手差不多不能動了嗎？」遲疑了一下，害怕自己講的話可能太過分了，但做兒子的還是說：「但是，爸爸，我剛剛才和你一起吃過晚餐，我看到你可以握住刀叉和湯匙，可以拿取食物送進嘴裏，你的手看起來沒有問題。你也可以做相同的動作，讓自己保持乾淨。」他爸爸回他：「你就是不懂。」

兒子很清楚。直接吐槽說「無助」的老人其實做得到某些事，這會讓你覺得比較好受，但是成果不大。你需要了解情境，但又不要介入。堅守你從有效實際的測試中得出的結果，同時守住你的底線。如果你想要檢測實際狀況，請和照顧父母的人重複確認。這些有問題的行為不是一時興起，不像希臘神話裏說的雅典娜從宙斯的前額莫名其妙飛出來，而是其來有自，並且會一直持續下去。如果你了解這一點的話，你也可以堅持下去。

懷疑自己有病

有些長者讓他們的衰弱（可能是真的，或是想像出來的）主導全局。一點點疼痛或痛楚他們就會大肆抱怨，彷彿他們得了稀世罕見的重症。他們永遠都做最壞的打算。有人來訪時，他們很可能會和對方說：「我們現在就道別吧，因為明天我可能就不在了。」然而，這種情況可能會持續好幾年。法蘭妮就是這種人。從快六十歲開始，她就一直看到「黑天使」站在門邊，總是認為自己「死定了」。她不斷地大聲說出她的遺願，送出寶貴財物，把重點放在「人生是一場空」上，一有機會，她就要出「狼來了」的把戲。等到她的健康真的出現緊急情況時，醫學上的治療卻一延再延，一直到一切都來不及，因為，再也沒有人相信她了。

疑心自己生病的人，無法看透身體的運作，以及身、心、靈之間的關聯。他們嚇壞了，把身體當成機器，期待一切完美。他們很難、甚至完全無法容忍身體狀況有變化，也受不了心理對身體造成的影響，一點點小問題就跑去看醫生，「抱怨」變成了一種生活方式；他們希望有人保證他們絕對不會死。

持續上演的「狼來了」戲碼會干擾照護者，引發焦慮、同理心、恐懼與無助感。身為照護者的家人哪有辦法評估是真是假？而且，一再地詢問醫師，也讓他們覺得自己是笨蛋。你該怎麼辦？首先，也是最重要的，為了讓你的受照護者冷靜下來，你自己必須冷靜。你放鬆之後得到的力量，將能安撫他們。之後，順著你的感受感想，去了解實際上發生了什麼事，並觀察、觀察、再觀察。觀察時要注意細節。就你而言，若你認為最近發生的問題真的很反常，就要相信他，採取必要的步驟。有的時候，狼真的會來。

疑神疑鬼

基本上，不信任他人的人，也不信任自己。輕微的疑神疑鬼是一種人格特質，而極端的偏執則是一種心理疾病，這當中還差很遠。不相信別人的人會憤世嫉俗，對人生抱持負面看法。他們覺得每一個人「都在利用我」。每一件事都有雙面的意義。簡單的善意之舉也會被他們錯誤解讀：「你送我這件禮物，背後的理由是什麼？」或者，「你說你想照顧我，但我知道你其實是想要我的錢。」推到極致，偏執狂會認為他們的食物或藥物被下毒，政府派人跟蹤他們，電視演員在監視他們，在某些嚴重的案例中，他們會甚至聽到有聲音告訴他們要做什麼事，而且那些事通常不是好事。

你要如何應付這種人？不要當面衝突，這只會加深他們的疑心病，而你也會變成他們認定會傷害他們的那一票人。反之，你要說點什麼，讓他們知道你是在保護他們。這樣可以讓他們不那麼脆弱。保持冷靜，並做出保證。「我知道你有什麼感覺」、「我們來看看可以怎麼辦」、「我會先嚐嚐你的湯，然後你再喝」以及「我保證以後絕對不會再發生這種事」這些話，會有幫助。個性不會變，但可以控制行為。當明顯的偏執威脅到直接對象或其他人的安全，就需要專業馬上介入。如果有必要，可能需要動用警方戒護受照護者前往急診室。通常，偏執可以透過藥物控制。也可能需要住院。

如果疑神疑鬼是對方與生俱來的個性，那麼，你一定早就知道了。但如果偏執是最近才出現的，可能需要做醫學上的評估和干預。在長輩身上突然出現偏執的特質，背後可能有更基本的醫學理由，比方說還沒有發現的感染。你要知道這不是你的錯，你也可以找到協助。

令人厭惡

不要把這當成精神疾病的診斷結果。每一個人都認識一些惹人厭的人，感受過他們的危害。我們的正常反應就是逃離他們。但是，如果對方是親人，我們逃不了，那怎麼辦？你要對於他們說的話採取保留再保留的態度，然後一笑置之。侮辱你的人，基本上憎恨的是他自己。這種人的態度或許可以舉例說明如下：「看看你，你這麼醜，誰會愛你？」或者，「看看你多胖！你根本就像一頭太胖的鯨魚。」也可能是，「老天要讓窩囊廢出生時，你排第一個。」你要知道，這些人基本上是把他們對自己的沉重失望投射到你身上，根本和你這個人無關。

要和有這種特質的人相處時，你可以訂下時間限制，不要讓自己被他們的負面能量污染。另一種策略是，和其他人一起去探訪這樣的長輩，你就不會變成唯一的被責罵或嘲弄的對象。在最極端的情況下，你可能會選擇根本不去探視。虐待就是虐待。還有一種解決方案，那就是輪流聘用其他人去做照護工作。一直處在這種情境下的你，可以為這些支薪的照護者提供情緒上的支持。設法找到平衡。花點時間去做讓你自己覺得高興的事，幫助自己恢復精力。

渴望掌聲

莎士比亞的李爾王故事，描述的是一個漸漸衰老的父親，當他不在其位、不能再領導時，因為自尊喪失而飽受折磨。莎士比亞從一開始就設定了悲劇的基調：就在李爾王放棄王杖時，他要求女兒們明確地表現對他的敬愛。某些人會有這種不服老的行為，他們認為除非能持續受人敬愛，除非他們自己、他們所擁有的以及他們的成就能獲得眾人喝采，否則就會失去絕大部分的自我價值。這是在餵養一個已經虛無的自我，而且永遠無法滿足。當這種人發現自己再也無法做完當初一手開創的專案、修理待修的裝置設備，或者，以男性來說，在性事的表現上再也無法像過去一樣時，內心的失敗感將會引發羞愧。對他們來說，老是很悲哀的。掌聲消失了，觀眾減少了，甚至全走光了。這和憂鬱又不一樣，而是另一種的感傷；解決問題的「萬靈丹」，是不問理由地重新給他們掌聲、注意力，並重新恢復「被剝奪的權力」，這樣就對了。

瑪麗琳的故事：成為藝評家的畫家

瑪麗琳是頗有知名度的畫家，在小型藝廊開過展覽，也順利在園遊會裏賣掉她的作品。現在，她再也不能畫了，手指的關節炎越來越惡化，讓她根本握不住畫筆。她是個好媽媽，四個孩子都很關心她，也很在乎她需要獲得掌聲和讚賞。他們想出一個辦法，其中一個兒子對兄弟姊妹說：

你們都知道的，因為工作性質的關係，我時間上比較自由。如果我們什麼都不做，媽媽將會一蹶不振。我們何不試試看這麼做？她很了解藝術，沒什麼人可以比得過她。何不讓我聯絡本地的報社？他們有一個藝術專欄，沒多久之前，他們宣佈專欄作家將要離職了。我可以帶媽媽去藝廊，她可以口述她的評論，我可以用我的筆記型電腦把稿子印出來。我很確定，就算不是每一篇都登，至少也會有幾篇見報，她又可以重新站到台前來。值得一試吧？

兄弟姊妹都同意，於是他們就動手去做。現在，大家都看得到她的名字。她得到喝采，也接到電話：「我很喜歡妳的專欄，妳對早期印象派的說明真是太棒了。妳淵博的知識讓我非常佩服，而且，妳的聲音聽起來好年輕！」她對這類來電的回應是：「嗯，我很年輕。如果你認真生活，那就永遠不會老。」

所以，面對需要掌聲的人，就給他拍拍手吧。需要喝采的人並不惡劣、討人厭或貪婪，他們只是渴望，想要被看見，希望眾人認同他們以及他們能做的事。要滿足這股渴望不一定能成功，但是，只要有一線希望，成就感將會讓每個人的人生更順利。

頻頻抱怨

頻頻抱怨的人，不是悲觀地看到玻璃杯有一半是空的；他們看到的是一個充滿不完美的玻璃杯。抱怨者是敏銳的觀察者，什麼都看得到，而且也樂於和你分享，就算你的感覺和他們完全相反，他們也不在乎。

愛麗絲的故事：看到充滿不完美的玻璃杯

愛麗絲和她的媳婦一起去餐廳用餐。這是一家很知名的餐廳，獲得顧客大力推薦；這一餐由她的媳婦請客。餐點送上來了，愛麗絲嚐了一口，然後眼睛往上吊，頭也很誇張地往上抬，急著遠離餐盤，並對著服務生勾勾食指把人叫過來：「這都冷了，一定放很久了。還有，這菜根本沒味道。今天晚上好的主廚都休假了嗎？」服務生微微彎腰，沒有半點不耐，他回答：「女士，很抱歉。我可以替您換掉或幫您重新加熱，就看您比較喜歡哪一種。」「我都不喜歡。」她一邊說，一邊揮揮手叫他走開。

她媳婦怎麼辦？她太熟悉愛麗絲的行為模式了，她接受現狀，不分析，不矯正，也不對旁人解釋，因為這些行動都於事無補。她的態度就是開開心心享用自己的美食，讚美餐廳的環境氣氛，而且，最重要的是，完全不把剛剛的事件當一回事。如果她想的話，她也可以選擇不要太常和愛麗絲外出用餐。

對某些人來說，面對頻頻抱怨的人，他們一分一秒都待不住。

史丹利的故事：總是大喊「狼來了」

印恩去探視住在退休人士社區的父親史丹利。他用「嗨，老爸，我無法久留」的態度親吻一下爸爸，然後在他旁邊坐下。史丹利說：「我不能吃東西了，我的牙齦有問題。」印恩很清楚接下來會怎麼樣，於是他回答：「爸，這裏有牙醫，我來安排約診。」

「那個牙醫？我不知道他念哪一間醫學院，但他不怎麼樣。」

「爸，那你想要去看本來看的那個私家牙醫嗎？」

「他也好不到哪裏去。」說完後，史丹利靠近兒子身邊，彷彿要跟他講一個天大的祕密。史丹利說：「你就是不懂。沒有人、沒有任何人在乎老人家。」印恩安靜不回話，之後他試著說點別的正面消息，轉移對話。「我昨天晚上和孩子們去看了一場電影……」

不管提什麼選擇，都會被反駁，而且提建議的人還會被貶抑、羞辱。印恩受不了，覺得他彷彿又被丟回了小時候，於是他很快地對父親說他得去工作了，如果有什麼需要，儘管打電話給他。做兒子的離開了，非常希望爸爸千萬別打電話；一個月後他又來了，準備應付他知道一定會再出現的抱怨。愛抱怨的人很可能就像是大喊「狼來了」的小男孩，但也有可能真的出問題了。你需要分辨差異，並採取因應行動。

善變

面對這種善變的人，你永遠也不知道自己會處在哪種境地。前一分鐘，你是最好的人，下一分鐘，你什麼都不是。

胡安妮塔的故事：無法預測的風暴

「她根本就是一隻變色龍，」外甥女說，「我也不想把她想成是蜥蜴；蜥蜴這種動物，會因為感覺不同而變色，前提是如果蜥蜴真的有感覺的話啦。但我姨媽胡安妮塔可是兩者兼備：既善變，又很有感覺。」潘妮洛普大笑。

她前一分鐘還好好的，後一分鐘就完全變了個人。沒有任何警訊，就這麼出現了（呼！），然後又消失了，下一次又來了，而你永遠不知道什麼時候會碰到這種事。這讓我想起我和我先生在某個遙遠異國旅行時的事。我們的導遊就用了個很妙的說法來說明這種事。本來是萬里晴空，頭上有軟綿綿的白雲飄過，天色一片湛藍，身邊的空氣就像你去沖熱水澡時那麼溫暖舒服，但突然之間，事先也沒先下一、兩滴雨警告你，馬上就滂沱大雨，而你也全身溼透了。對，這就是我姨媽的寫照。

她是我媽媽的姊妹，我的父母死於一場空難，所以你可能會認為，我和她很親近。但是，事情並非如此。前一分鐘她會說：「你真是貼心，我很幸運有妳作伴。」但後來，雖然我跟妳姨丈試了又試，但還是沒有小孩，妳剛好彌補這個遺憾。」但後一分鐘，情況卻完全大逆轉，她會開始說我完全不在乎她，我都不來看她，她這裏痛那裏痛，而我漠不關心。諸如此類，一說再說。她的丈夫很沉默，後來我才明白為什麼。如果你不知道風暴何時會來，就只能坐著等它過去。別責怪他了，可憐的傢伙。

如果這位外甥女有心也還有精力，要應付善變的人，她可以試著成為一個負責安撫的照護者。這位做姨媽的人小的時候沒有得到足夠的母愛，她沒有自我安撫的資源，在晚年壓力漸大時尤其如此。這位善變的姨媽在面對害怕被拋棄的內心恐懼時，無力抵擋寂寞感。這種人一再地把所有正面事物都推開，好讓自己不會失望或遭人遺棄，卻沒有體認到正是自己讓別人避之唯恐不及。

以這個案例來說，照護者需要為姨媽提供一個「夠好的扶持環境」；這是年長的姨媽從來不曾擁有過的。要做到這一點，外甥女必須有一定程度的自我認同，才能承受對方強烈的心情波動，撐過姨媽從理想化的「妳太棒了」變到「妳真是自私、冷漠」。跟這種人爭辯，並沒有用。他們要不然就替自己的觀點找理由，要不然就開始生氣或防衛，並且否認你說的是事實。令人遺憾的是，他們需要感覺到自己能完全掌控一切。

如果你的父母或親人有以上這些特質，若你擁有不會被人輕易踐踏的自我感，你會有能力承受，而且勇敢面對也會對你有益。當我們伸出手接納對方時，不管那個人多難纏，我們所做的都能強化自己的內在核心。這就是收穫。

錙銖必較

錙銖必較的人無時無刻都在擔心他們會變窮。到了一文不名的時候，他們會被丟在路邊，沒有人會照料他們。反正現在也沒人在乎了。他們很少跟其他人聯繫，甚至完全斷絕往來，全然不相信任何人，深深覺得只有自己才靠得住。他們很空虛，但同時又很驕傲。如果我們層層揭開他們的童年時期，將會發現在那個家中沒有「像神一樣偉大」的父母。他們覺得自己不受保護，因此憤世嫉俗，堅信這個世界上無人可以依靠。這是一種自我實現的預言，到後來就成了現實。他們自私且從不施予，緊緊地防備自己，這樣活著，也這樣死去，既無親人，更無朋友。

這種人不會變。如果你有家人是這種人，而且他確實需要照護，你的付出就是一種同情同理的慷慨大度，也會改變你對人世的看法。

亨利的故事：吝嗇又可悲

亨利離過兩次婚，現年八十二歲，已經很衰老。兩任妻子都離他而去。第二任妻子對他的家人說：「他可悲又吝嗇。他會叫我採買東西時花好幾個小時去討價還價，只為了省下幾毛錢，但事實上，他有錢得很。當然，我從來不知道他究竟有多少錢。他會施捨一點錢給我，好像我是吵著要去買零食的五歲小孩。所以，我就走人了。」他有一個女兒梅麗莎，她跟著第一任妻子。梅麗莎跟亨利一直不親，十八歲時，她父母離婚，她也離開了家。梅麗莎目睹了家裏所有的爭吵，也看到她媽媽得不到任何經濟上的支援。亨利也沒有把錢花在自己身上。離婚之後，他拒絕撫養梅麗莎。她晚上去餐廳打工當服務生，半工半讀讀完大學。每一次她跟爸爸說話時，他總是提醒她：「錢不會從天上掉下來。」

亨利因為嚴重的充血性心臟衰竭住院，之後，當他快要出院時，梅麗莎接到電話，醫院的社工對她說，她父親太過衰弱，無法獨居。社工要問幾個問題，以做出適當的規劃，因為亨利說他沒有錢。如果他沒錢，他就要提供相關的文件，才能申請州政府醫療保險。社工要請梅麗莎協助。

基於責任感而非出於愛，梅麗莎出手幫忙。她的父親疑神疑鬼，但因為感受到自己的衰弱，只好心不甘情不願地讓女兒進家門。雖然他住的是一棟需要維修的普通住宅，沒有任何代表財富的象徵，但她確實找到了銀行帳冊和股票經紀對帳單，捲起來藏在他的襪子裏。他不窮，實際上，他擁有很多資產。情緒如潮水一般地湧來，她百感交集，她氣他，也憐憫他，同情他居然失去了這麼多，根本沒必要如此。當她再度去探視他時，她衝口說出她的感受，但同時也知道，他將不為所動。果然沒錯，他聽了，但是他說：「你永遠都不知道會發生什麼事；你必須照顧自己，我就是這麼做的。」

亨利回家了。他的錢要用在照護上。因為他坐擁大筆資產，因此無法申請州政府醫療保險補助；政府保險設有嚴格的排富條款。為了替亨利安排居家照護，梅麗莎需要動用他的錢。一般來說，他不希望喪失控制權。但另一方面，他已經太虛弱，無法前往銀行與證券公司。少了合法授權，梅麗莎無法代他行事；授權通常以永久醫療授權書為憑，但他並沒有簽署。最後，多次協商、而且梅麗莎也耗盡精力之後，亨利答應讓她有限度地取用某一個銀行戶頭。結果雖然不理想，但她總是可以開始推動一些事。正如你預期的，未來梅麗莎還有很多障礙要克服，但她已經比過去更有準備了。

錙銖必較的人，自己就是自己最大的敵人：因為他們的貧窮心態，在這一生中，他們懷抱著的是一種假性的自我感。比方說，在某個案例中，案主是淨資產高達幾百萬美元的八十九歲女性，她要求獲得「低價」的送餐服務。她不喜歡這些餐點，一直因為食物品質低落而且種類少變化而發脾氣。跟她說她付得起任何她想吃的食物，一點用都沒有。她的小氣吝嗇自我形象，不容挑戰！而且，就像亨利一樣，她不讓自己擁有任何能提升生活品質的便利設施或服務，不讓自己享用她辛辛苦苦奮鬥、存下的金錢。

酒癮

熟齡的酒精成癮者越來越多，尤其是在退休之後，而且以男性居多。這是因為失去職場裏的角色嚴重打擊他們的自尊，也打亂了他們的生活架構。一旦被問到：「你做哪一行的？」退休會讓他們覺得很難堪，很無能。因此，他們轉向酒精尋求慰藉。

威爾博的故事：雙重失落

七十二歲的威爾博一直在汽車廠擔任工程師，因為技術能力紮實而大獲好評。六十五歲退休這個想法讓他很心動，因為那時就可以請領終身年金。沒多久之後，他太太梅姬罹患乳癌，已經到後期了。患病讓她失能，他則成為了照護者。雖然每個人都盡了最大努力，她還是在一年內就過世了。即便有親友大力安慰，他還是一頭栽進酒瓶堆裏。過去，他只有在社交場合才喝酒，偶爾喝一、兩杯雞尾酒，晚餐時最多也就喝一杯紅酒而已。酒精的作用是麻醉他、讓他冷靜，幫助他入睡，忘記他所經歷的嚴重失落。在某一部分變成行屍走肉的同時，他覺得自己比較能應付變局了。他覺得舒服了，但別人卻覺得壓力很大。他一副亂糟糟的模樣而且不願面對事實，更不承認自己已經變得不再是家人鄰居過去認識的那個人，當他們建議他接受治療時，他罵他們，離他們遠遠的。有一天，他過馬路時被車撞到，被人送往醫院。他的傷勢不嚴重，但院方還是決定要他留院觀察。無法買到酒，醫師也不允許他喝酒，他開始出現戒斷徵狀。還好，醫療人員認出了這些徵狀，快速進行治療。家人鄰居之前不知道他的酒癮有多嚴重，現在都很支持他接受長期的戒酒治療。他終於接受事實，在接下來的人生中，他必須遠離酒精。

失去會給當事人帶來痛苦，如果多重的失落同時發生，傷害也會跟著加重。威爾博放下了工作；這份工作，是他一輩子的身分認同。梅姬的死，更進一步撕碎了他的自我。現在他變成了鰥夫，甚至也失去了照護者的角色。酒精是他唯一的依靠。他也真的栽進酒精裏。在了解這些事、並看透其中的緣由之後，他現在已能開始重新來過。

怒氣沖沖

當憤怒變成一種生活方式，憤怒也就失去了原本的功能——敦促你採取行動。就像所有的情緒一樣，處於正常狀態的憤怒是一種治療機制，但是，對普莉西亞來說，可不是這麼一回事。

普莉西亞的故事：無事不憤怒

七十歲的普莉西亞一直都對每個人、每件事深感憤怒。什麼事都不對，什麼人都不好。這個世界是一座叢林，在這裏，只有她知道如何生存下去。她健康而且獨立，但沒有任何好友，也沒有人想要聽她的怨恨；不要緊，她有辦法。她知道如何對某些人「下符咒」，以便得到她想要的。外人看來，她應付得還不錯，直到有一天她這股兇惡殘暴的獨立自主終於破碎了。由於輕微中風之故，她變得糊塗，還摔倒了。清潔婦發現她，猜想她應該在地上躺了一整夜，幫她叫來了醫護人員。

住進本地醫院之後，失能讓她更為憤怒。當院方人員試著協助她時，她用憤怒把每一個人推開：「滾，不要碰我。我好得很，我不需要任何人的任何協助。你不知道你在幹嘛，我可清楚我自己的身體了。」她本來應該能獲得很好的照顧，但結果她獲得的照顧少之又少，院方人員還付出了極大的努力。她對院方人員口出惡言，再加上不配合的行為，引發出很多本來可以預防的併發症。

普莉西亞從沒結過婚，也沒有小孩，但是有一個很盡心盡力的妹妹，竭盡全力照顧她。她們一直保持電話聯絡，但由於姊姊經常會狂暴、突如其來的發怒，她也很少來訪。她不知道普莉西亞的認知能力已經衰退，來醫院探病對這位妹妹來說，無異是接受「電擊療法」。探訪的時間已縮到最短。即便難以面對姊姊的現況，她仍成為事實上的主要照護者，負責安排並督導普莉西亞的長期照護。在某些狀況下，心不甘情不願的親戚會改變行為，全力成為投入的照護者。

囤積成性

囤積成性的人什麼東西都要留，什麼都不能丟。什麼東西都總有派上用場的一天，但誰知道是哪時？東西這裏一堆、那裏一堆，一直到連走路的通道都沒有。連小蟲子和蟑螂都必須競爭生存空間。囤積成性的人什麼都看不見，什麼都感受不到，也什麼都聽不見。其他人的任何批評，都是耳邊風。鄰居聯合起來驅趕，叫來警察與消防隊，但完全沒用。囤積的習慣，來自於忽略自己。他們或許會囤積雜物，但冰箱裏可能空無一物，或是裝著腐爛、發霉的食物。每一件物品都變成囤積其他東西之處。他們經常在不泡澡時把浴缸當成儲藏箱。他們的世界進不去、摸不到，家人也避得遠遠的，沒有人知道緊急時要打電話給誰。

雖然他們很奇怪很孤獨，但不必然無能。從某方面來說，他們確實想辦法活了下來，而且堅持下去。他們是社服機構與政府機關的剋星，頑固地埋頭囤積，所有的嘗試全都得到相反的結果。當有人不顧他們的意願，將他們帶入醫療保健系統，出院規劃變成是最終極的惡夢。能做什麼呢？他們不讓任何人清理他們的房子，他們也不會離開。讓他們回家，又會變成「不安全出院」。法院可能也幫不上忙，因為他們在法律上通常被判定為「有行為能力」。

這是很基本的緊張局面案例，家屬和照護者得像走鋼索一樣戰戰兢兢，遊走灰色地帶。這些人並不符合法律定義的無行為能力，但是他們無法以理性的方式作為。就算當他們已經危及自己和他人，在法律上可能也沒有追索權。

百般阻撓的配偶

爸爸病了，需要照護。大家都知道，你也知道，並試著提供協助，但媽媽說：「謝了，他沒事，我可以應付。」珍妮和哈洛德便是這樣。

珍妮的故事：我自己可以應付

珍妮和哈洛德結縭四十年。就在他們歡度結婚四十週年不久之後，哈洛德被診斷出失智症。珍妮馬上判定，她知道該為他做什麼以及該如何照顧他，而且只有她才知道。他們有兩個女兒，很愛自己的父母，也想要幫忙。女兒們希望爸爸得到最好的照顧，很樂於參與，用任何可能的方式提供協助。但珍妮一直拒絕她們的提議，她堅持：「我自己可以應付，他不需要家庭照護、日間照護或協助性照護，他有我。」

哈洛德還患有其他嚴重的疾病，包括糖尿病和潰瘍性大腸炎。當這些疾病出現緊急症狀時，珍妮拒絕帶他去看醫生，也不讓女兒這麼做，她宣稱：「這只是因為他的失智症惡化的緣故。」有一個女兒不顧珍妮的抗議，因為父親脫水而把他帶去看急診，珍妮抗議說：「醫生只會害我們花大錢；這不過是失智症罷了。」

珍妮是配偶，也是他的指定授權人以及醫療照護委託人，也就是他的「一切」。她大力捍衛自己的權利，拒絕讓別人共享，女兒們也只能在一邊乾著急。然而，每次碰到需要一起去看醫生或急診的危機，女兒們就會強烈要求媽媽讓爸爸獲得必要的治療。有時候她們能達成目的，但一旦立即性的危機解除了，珍妮又恢復到她獨斷獨行、百般干預的立場。珍妮是不為而非不能，兩個女兒只能一次又一次面對危機，其他也做不了太多。

你可能也有一個總是唱反調的家人。你能怎麼辦？一次一個步驟，你要知道，任何時候你能堅持下去，就是進步。容易攻擊的小缺點都是好機會。

整合

人不見得都能優雅地老去。有些人循著別人的模式，有些人則走出自己的路。人格特質，不管是好是壞，都跟人一樣長命，而對應出來的行為也同樣是有年紀的。有些人慢慢地變得難纏，就算那是你的父母也一樣。如果你認為，這些問題會隨著老去而消失，醒醒吧。個性過去是這樣，未來也同樣如此。難纏的行為會影響受照護者、照護者以及他們身邊的每一個人。這些行為給夾在三明治中間的照護者更添壓力，還會引發難堪、羞恥、內疚、失望、悲痛與憤怒等種種感受，難以一一列明。

用你拿到的牌，盡力打一場好局。拿到好牌很好，但一副牌裏也會有鬼牌。在你七十歲、八十歲或九十歲的父母或親人身上，這些特質早已經根深柢固。不管你認不認同，這些特質對他們來說有用，證據是他們都生存下來了。基本原則是，要知道他們是怎麼樣的一個人，並以他們本來的面目來對待他們。同樣重要的、而且不可忽略的是，你要知道你是誰，並接受你自己的優勢與限制，這樣你才可以活下去。你要主導。

對你來說，某些人格特質會比其他的好應付一些。你要懂這一點。對於你根本無能為力的特質，去找找看其他方法。比方說，不管是其他家人或支薪的照護者，不管是在家裏或其他場合，找別人來幫忙。尊重你自己能力有限這個事實，替自己畫出明確的界線。如果你快要撐不住了，請尋求諮商或加入支持團體。很重要的是，你要去了解、觀察、學習與採取行動。而且，請記住，在這過程中，你正在為自己的老去樹立典範。

第10章

照護者的情緒問題

生活就是一系列的情緒，就像一串串珠一樣。

——愛默生（Ralph Waldo Emerson）

多數人相信自己知道情緒是什麼。我們把情緒想成是特別的感覺，然後貼上「快樂、悲傷、憤怒與訝異」等標籤。我們活在情緒裏，這是生活的一部分，在和朋友、父母、情人、同事和孩子的關係當中，我們直接或微妙地表達了情緒。而對方也對我們展現了他們的情緒。

情緒

情緒是人類的本能。我們或許會去猜測動物的情緒是怎麼一回事，比方說，寵物在主人或照顧者過世時看起來好像很難過或很憂鬱的樣子，但是實際如何我們也只能猜測。牠們到底「感受」到什麼程度，我們並不知道。然而，我們很清楚自己。人有各式各樣的情緒是毫無疑問的，我們也知道，每個人的情緒強烈程度也不相同。

如果你是很情緒化的人，你感受到的生氣可能就會變成暴怒。反之，如果你的情緒一向不太強烈，你的憤怒看起來可能只是氣惱或不高興。每個人都天生就有情緒，但要如何應用，則要看我們所處的情境而定。如果有人過世了，我們痛哭。如果有人攻擊我們，我們會覺得害怕，想要逃離。如果有人愛我們，我們感受到的是親密感、安全感和穩定感。所有情緒的共通之處，是它們的存在只為了一個理由：維繫個人的生存。即便是所謂的負面情緒，比方說憤怒與恐懼，它們也是在提醒我們要有所行動，讓我們能夠活下去。面對可能有危險的事物時卻無法感受到恐懼，就可能會讓你受到傷害。另一方面，當有個人向你表達愛意，這股溫柔惹得你心頭小鹿亂撞，則是正面的人性反應。

情緒有百百種，例如：生氣、焦慮、恐懼、內疚、羞恥、難過、羨慕、嫉妒、快樂、驕傲、輕鬆、希望、愛、感激與惻隱之心。以下有一些例子，是照料年邁父母或親人時最常碰到的情緒。

憤怒

珊曼莎坐在那裏，啜泣著。她一遍又一遍地揉著眼睛，哭泣當中伴著無聲的嘆息。她幾乎開不了口，喃喃地說：「我不知道被什麼附身了，我不是那樣的人。我甚至沒辦法談這件事，太、太可怕了。我怎麼會做出這種事？誰會相信呢？我不如去死算了，這樣還比較簡單一點。我甚至覺得連上帝都不會原諒我了。我一直都有向耶穌和聖母禱告，但我會得到寬恕嗎？我不知道。」冷靜下來之後，她繼續說：

我去我媽媽家看她。家裏有一位住家的家庭照護人員，把她照顧得很好。我今天在辦公室裏很不順利，於是我決定回家的路上繞去看媽媽。約翰會煮飯，並把小孩哄上床，所以我有點空。你知道的，他是一個好人。我們母女倆開始閒聊：她最近怎麼樣，有沒有人來看她，她中午吃了什麼。這些話說過幾百萬遍了，我連想都不用想。

然後事情就開始了：她問我身上這件上衣在哪裏買的，我說了。她點點頭。兩分鐘之後，她又問了我一次，這一次的語調有點激動。我說了。一分鐘之後，她又重複同樣的問題，我再也沒辦法好好跟她談話了。忽然間，我變成一頭野獸。我把椅子拉近她的輪椅，搧了她一耳光。還好我沒真的打傷她，感謝上帝！

她哭得越來越厲害：「那時就好像有魔鬼附在我心裏。我不是人，因此那不是我。我哪有資格被原諒？說我覺得很內疚，算是非常非常客氣的說法了。我跟你說這件事，但我永遠不會再對任何人說起。」

珊曼莎「過頭」了，她不是故意的，但她真的打了她媽媽。雖然沒有明顯的瘀傷，也沒有人看到她的舉動，但打人就是打人。這件事永遠不會過去，永遠不會得到原諒。

珊曼莎運氣好，這件事發生在強制報告老人受虐規定之前。現在在美國，虐待老人是要承擔法律後果的罪行。

在提報受虐系統中專業人士有什麼用處？在很多案例中，專業人士會採行一套雙頭式的做法：其一是為施暴者提供正確的法律相關後果資訊，並按規定往上呈報。其次，長期來說是要協助當事人改變自己的內在，以防範同樣的事情重演。

憤怒和侵犯有關

珊曼莎一開始感受到的憤怒，通常會和侵犯有關。侵犯被視為人類最古老的衝動，憤怒本身最直接的目的，不是讓我們逃離蘊藏威脅的情境，而是去摧毀或是轉移威脅。憤怒是一種自發性的反應，無論年輕年長的人都有，唯一的差別只是小細節上的不同；他人只要表現敵對，都會觸動憤怒。憤怒是自主反射動作，就像打呼或咳嗽一樣。每一個人的憤怒反應強度不同，但用意相同：憤怒是為了求生。雖然如此，我們在珊曼莎一案中看到的憤怒表現方式，是施虐的、危險的、毀滅性的，甚至可能要人命。在聽著珊曼莎和她母親互動的過程中，我們的心也因為痛苦而糾結在一起。

應付憤怒

從前，最常用來應付憤怒的手段，是懲罰。但大家很快就發現，懲罰會帶來讓人不樂見的結果，沒有用。另一種做法是隔離發怒的人，再另一種做法則是獎勵「良好」的行為。

珊曼莎要如何先控制住憤怒，而不要讓憤怒控制她？若處於類似的處境，你又會怎麼做？要以有建設性的方式來善用情緒，表達出來，這樣一來，她也可以宣洩，比方說：「我覺得很挫折、很憤怒。我已經怒氣沖天了。」當憤怒不再囓咬著她的內心時，珊曼莎就可以拿回控制權了。認知自己的情緒是每個人天生就擁有的強大工具，在這種情境下以及其他時候都用得上。如果珊曼莎當時有用到情緒認知，她也可以再補充說明：「媽，我現在真的很難過，我沒辦法跟妳講下去，妳都沒在聽。」效果是，她可以認知到自己的經驗，並在受控制的範圍內表現出來。

同理與同情

珊曼莎也可以跨一大步，用同理心來相待。同理心是你好像變成了和對方一樣。同理和同情並不相同，同情比較像是「你陪伴在對方的身邊，憐憫他」，同理則是「感同身受」。你和他們一樣，他們的經驗就是你的經驗。你是不是真的有過和對方一模一樣的經驗，並不重要。比方說，不管是朋友、同事或同儕，當他們跟你說起從軍的經歷時，你可能從來沒當過兵，但是，你還是可以坦然地說你有過類似的經驗：恐怖的、焦慮的、飽受折磨的，諸如此類。你可以坦率地說出結論，對，你不像他們一樣上過戰場，但是在其他場合中也有過類似的感受，你也心有戚戚焉。比方說，珊曼莎本來可以這麼說：

媽媽，妳一次又一次重複問同樣的問題，不知道如何消化答案也不了解我在講什麼，我知道妳一定很痛苦，我也感覺到了。妳要思考這些字詞，想要了解它們的意思卻又無法弄懂，而且，在妳心裏，妳知道這跟過去的妳完全不一樣，妳一定感到非常挫折。這真的很讓人惱火。任何人都會覺得很難受。我很同情妳，我也會盡力幫助妳。妳知道，我說的話都是真心的。

這樣一來，珊曼莎就展現了富有同理心的理解，並付出了配合、關心與愛。

如果珊曼莎能從善如流遵循上述建議，那她做出了三大重要改變：改變注意力的焦點，把注意力從內心的暴力挪開；她重新詮釋了她認為自己面對的情境；現在的她更修正了回應的方式，而這樣的回應未來可以擴大到其他類似的情境。

憤怒和所有的情緒一樣，不是單純的單點，而是由不同的感覺組合成的套餐。有些感覺比其他強烈一點，有些則旗鼓相當，還有些沒辦法明確分辨。康娜莉亞藉著丈夫住院這件事，來表達她壓抑的憤怒；對伍迪來說，他已經憤怒一輩子了。

康娜莉亞的故事：憤怒的妻子

伍迪二十二歲時被捲入二次世界大戰。健康、高大且強壯的他，來自美國西部小鎮，當時正計畫要和青梅竹馬的女友康娜莉亞結婚。戰爭改變了一切，他看到了最糟糕的情況：他在太平洋小島上的叢林裏，染上了瘧疾，泰半時間全身塗滿泥巴和黏乎乎的髒東西；他還成為神槍手，只要會動的東西格殺勿論。他說：「我不發問。那不是憤怒，那是生存。有東西動了，我就開槍，不管是什麼東西。我必須活著。」他也確實活下來了。

歸鄉之後，他回歸正常生活。他有了自己的小生意，康娜莉亞有時候會來幫忙，但他們的婚姻通常是兩人在比大聲；他脾氣不好，而且「無法和別人長久相處，我會想逃，只是我一直撐著」。

伍迪七十六歲時中風，被送往退伍軍人醫院接受治療。當他可以出院時，康娜莉亞接到電話，對方說：「我們要通知您一個好消息，伍迪可以回家了。」沉默良久之後，終於她說話了：「他或許可以回家，但不是回我家。他不能回到這個家，我已經受夠他的虐待了，現在換你們試試看。」電話就切斷了。聽說這件事之後，伍迪很憤怒，咒罵著只有軍人才懂的惡毒詞彙。他暴怒，什麼也聽不進去。

陷在這場困境中的，是他們的女兒朵琳。朵琳現在四十五歲左右，很年輕時就離家到外地上大學，並且早早就結了婚。她懇求他的母親：

媽，我知道要妳這些年和爸爸一起住一定很痛苦，我都看到了。他的脾氣一直瀕臨爆發邊緣，他對妳說過的話是多數女人都受不了的。我也感受到，如果妳直接用妳自己的感覺去回應他，只會讓事情變得更糟，所以妳必須把一切藏在心裏，以求活下去。我帶著恐懼看著這一切，覺得非常無助。我愛你們兩個，但我恨他對妳做的事。我卡在困境裏面，等不及要離家。謝謝上帝，那間外地的大學讓我入學。然後我遇見了我丈夫，他是一個和爸爸完全不同的男人。我們的婚姻美滿極了。媽，請聽我說，爸爸現在是老人了，我忍不住可憐他。說到底，他是我爸爸。而且，事實是，他在戰爭中經歷過煉獄的折磨。現在他無家可歸了。妳能不能在妳心裏找一個讓他可以回來的家？

懇求無效。

朵琳不久之後去探望父親，哭了一遍又一遍：「爸爸，我不知道該怎麼辦。你知道的，你可以過來跟我住，我的女兒們可以睡同一間。」伍迪拒絕了：「不用了，寶貝，我已經安排好了，我要去退伍軍人安養院，他們會照顧我。」他哭了，並抱抱女兒，然後說：「我在那裏會很好的。那個地方很不錯，你和女兒們可以過來看我。真的，那裏很不錯，不要擔心。」伍迪就這樣實行他的計畫。

康娜莉亞有時會撥打他專用的電話給他（這是朵琳替他申請的），但她說去探訪他就「太超過了；她背負太多裝滿舊怨的包袱，她不希望再去擾動它。」

以責備為形式的憤怒

這也就是說，憤怒會趾高氣揚，也會深深地嵌進心裏，一層又一層地覆蓋上去，等時機到了，自然會表現出來，並成為行動背後的理由，就像康娜莉亞的經歷一樣。你可以將憤怒說成是雙方之間被喚起的衝突，在衝突中，你覺得自己在某種程度上受到了侮辱。衝突無所不在；人類的衝突史可長了。憤怒與可能的侵犯引發的是一股要報復的衝動，但不是每個人都會這麼做。因應憤怒的解決方法是什麼？要有自覺，並採取另一種做法。就像我們之前看到的，人永遠都有改變的可能。

一個人不見得一直都那麼憤怒，疾病和失能可能會讓人憤怒，也確實常造成這種效果。憤怒通常會引發責備，對象有時候是別人，有時候是自己。「要是我沒有在下雨的時候跑出去，結果滑跤跌倒，我現在也不會在這裏。」「要是我們沒去那家你愛得要命的爛餐廳吃飯，我就不會吃到細菌，現在一直不舒服。」這些話都可以照樣造句，比方說，當一個人住進醫院或安養之家後，會不停怪罪食物、房間、暖氣（或沒有暖氣）、員工，基本上，無一不罵。在某些情況下，受照護者對著照護者出氣，照護者又回過頭來對被照護者發脾氣；因為照護者認為，就算付出「一切」，還是做什麼都挨罵，讓他們覺得不被認同、無助，被利用之後就被丟在一邊。

侵犯

侵犯，和憤怒類似，但又不一樣。憤怒是幾乎每個人在某個時點上都會感受到的情緒，引發想要攻擊的衝動，但我們不一定就會這麼做；因為預期到報復的可能性，人們會自我控制。但是侵犯不一樣，侵犯本來的意圖就是要傷害他人。法律也會區分意圖上的差異，因此認定過失傷害或過失致死的罪行較輕，故意傷害或故意殺人的罪行較重。憤怒是侵犯模式的初期階段，是已經引起侵犯衝動的信號，有時候，這股衝動很可能就導向暴力行為。

內疚

珊曼莎攻擊了媽媽，這樣做時，她就違反了倫理規範，隨之而來的後果便是內疚。從年幼時開始，嬰幼兒都需要、想要爭取別人的愛，可能失去愛的恐懼不時籠罩著我們，會讓我們陷入自我懲罰的境地。自我懲罰就是內疚。內疚、補償和寬恕之間直接相關，其中包括透過悔改來原諒自己。當你刻意去建立這樣的關聯時，便能得到平靜。若不去做，內疚便揮之不去，就像病毒感染一樣難以根絕。

對某些照護者來說，內疚可能是來自於覺得「做得不夠」。但是，你只是凡人，你必須設下底線。有時候，情境會逼得你要去做艱難的決定。現實中，可能只有一個合理的解決方法。有一位八十多歲的女士，有一大堆的失能問題，卻拒絕任何協助。有一天，她女兒沒有聽到她的消息，而且一直打電話也沒有得到回電，於是她就去查看到底發生什麼事了。她拿鑰匙開門進去，發現媽媽倒在地板上；她躺在那裏已經兩天了，沒有進食，全身脫水，大小便失禁，而且痛苦萬分，是半夜時跌倒的。就在這時，女兒堅持要進行安置，不顧母親持續地、堅定地對她說：「不要帶我走；我寧願死。」但做女兒的，也因此懷著一份照顧不周的「罪惡感」。

有些情緒，無法透過言語傳達，比方說憤怒，內疚也是。我們或許會以為看透了對方的情緒，但以內疚來說，你不見得看得到。你可能也曾經因為內疚而臉紅。但是，同樣的，臉紅也是害羞的表現、某種皮膚病或想要遮掩羞恥的心情。雖然內疚不一定能讓人採取更合宜的做法，不一定能讓你表現得更好，但會激發你重新評估自己違反了哪些倫理原則，並讓你去思考該怎麼做。從內疚轉移到其他比較正面的情緒時，你就做出了轉換，而且是比較好的轉換。內疚來自於你自覺要為違反內心的標準負起責任；這些標準是你的信念，你的生活準則。就如同其他情緒一樣，內疚也是要激勵我們，並構成行為的規範架構。實際上，它們是信差，有的時候強烈，有的時候溫柔，但不管怎樣都是傳遞訊息的信差。就像面對其他情緒差使一樣，我們必須打開門，傾聽並遵循內疚的建議。這位發現老媽媽倒在地板上的女兒，不是去處理自身的內疚，反而是把正在發作的內疚感轉換成協助。她採取行動，讓她媽媽繼續活下去。因此，內疚可以是促成快速改變的催化劑，或者，你也可以選擇一輩子陷在這股情緒當中。就像所有決策一樣，你要做選擇。這個做女兒的，做出了唯一的合理選擇。我們都可以選擇。

羞恥

人一旦跨越了良心設定的界線，就會引發內疚；當我們為自己設定理想的目標卻無法達成時，引發的則是羞恥。羞恥會席捲整個人，讓人感受到一種深層、深刻的痛苦，與失敗。當人的心中湧出羞恥之情時，基本上怕的是被人嘲弄、奚落、批評和背棄。感到羞恥時會讓人非常痛苦，我們能做的就是抽離，因此設下限制，無法完全坦白地面對自我。

馬丁的故事：長期的羞恥

馬丁的爸爸湯瑪斯總是以兒子為恥。湯瑪斯是大富翁，很少對妻子兒女表現感情。他遊戲人間，總是把時間花在收集情婦上。他把小兒子當成「跑腿的」。湯瑪斯會要他：「去店裏幫我買這個。沒買到不准回來。」馬丁總是聽命行事。

需要買衣服的時候，湯瑪斯全身上下都是設計師名牌，但他兒子則是到廉價商店買衣服。但不管怎麼樣，馬丁還是選定了要走法律這一行。第一次求職面試時，他要求父親幫他買一套新西裝。同樣的，他爸爸還是帶他去廉價商店。他說：「我覺得自己像是任人裝扮的稻草人，褲子太長，袖子也是。我看起來很粗鄙，感覺起來是二流角色，既尷尬又丟臉。其他人都打扮得很得體。我一個人孤零零的，像個局外人。家裏那麼有錢，那些錢對我有什麼好處？」

後來湯瑪斯年紀大了，被安置到協助性照護機構，馬丁很少去看他。當他去探視時，爸爸總是沉浸在過去的輝煌之中，尤其是他那些一個比一個美豔的情婦。他的話裏有明顯的性暗示，他會說：「嗯，你知道的，兒子，就這麼一回事。我讓那美人兒在房間裏浪了起來，我就……女人都愛這套。你這孩子還可以，就是弱了點，真正的男人知道怎樣應付女人。」然後他會大笑。

馬丁內心凝結成的羞恥感與憤怒感磨蝕著他，但他從來不外露。身為律師，他學會了自我控制。他選擇和弱勢者站在一起；由於他的惻隱之心，讓他頗受好評。他善用對其他人湧現出的強烈義憤，打贏很多案子。而在他美滿的婚姻當中，他有一個真正欣賞他的人，幫助他撫平了童年的經驗。他永遠不想成為像他父親那樣的人，而是努力做個好父親，在兩個兒子的球隊裏擔任教練，也是隨時陪在三個女兒身邊的慈父。

他盡量少去探望湯瑪斯，把停留的時間縮到最短，帶到爸爸要的東西之後，他就等不及想離開。湯瑪斯過世時，馬丁接到電話，他去了，但很晚才到。湯瑪斯要求火葬，把骨灰撒向大海，離他住的地方不遠。喪禮時，念悼詞的是別人。馬丁忠於自我，他遲到，而且很安靜沉默。有人問他為什麼遲到了，他說他必須出庭，而且「到這裏的一路上都很塞」。在他內心深處，他知道現在他自由了，這是有生以來第一次。馬丁的羞恥是長期的，知道他的情況的人都很佩服他能活得這麼好。

羞恥可能是短期的、暫時的或和疾病相關的，但同樣要命。照護者要特別留意，體察受照護者在自己身上激起的難堪或羞恥。比方說，父母現在會口無遮攔地亂罵「幹、幹、幹」，或者在性議題上出現不當的行為。照護者也要知道，父母現在或許因為最近不請自來的醜陋身體形象而感到羞恥：媽媽因為割除增生的癌細胞，臉上多了疤痕，讓她不想照鏡子；爸爸因為帕金森氏症或中風而面部扭曲，不想接待任何訪客；或者，媽媽截肢，很擔心孫子們會看到她的斷腿。這些不同於以往的生理形象雖然讓身體的主人感到羞恥，但不可加以否定，反之，請以惻隱、同理、接納和愛，來面對這些傷痕代表的痛苦現實。

焦慮

喬瑟夫說：「我想我天生焦慮。我呱呱墮地時的哭聲，不只是大喊『我來到這個世界了』而已，對我來說，那是焦慮的象徵。」他把自己的焦慮歸結到母親泰瑞莎身上。

充滿焦慮的兒子

泰瑞莎生於波蘭，在戰爭中活了過來；或者，就像她說的：「如果你能稱這叫『活』的話。」但是，她的確存活下來了，而且年紀輕輕就來到美國。她遇見一個同為移民的俄羅斯男子，兩人結了婚，生下喬瑟夫。就像她說的，喬瑟夫是她的「漂亮小兒子」，但她更愛把他打扮得像個女娃兒。上學時他覺得自己很怪，但她一再向他保證根本不用管別人，因為他最特別。

泰瑞莎覺得自己是一個溺愛小孩的母親，卻沒有體認到她將兒子視為自我的延伸；她不斷地威脅兒子，如果他不服從她的任何要求，她就要離開。無能為力的他，只能照做。十三、四歲時，他的父親失蹤了。現在只剩喬瑟夫一個人跟著媽媽，焦慮變成他每天的模式，其中的不確定性與對危險的恐懼，總是若隱若現。

當喬瑟夫十六、七歲時，泰瑞莎嫁給一個有錢人，就像喬瑟夫的感覺一樣，這個偉特是一個「很好、很好的人」，把喬瑟夫視如己出。結果喬瑟夫也變得很黏他，一直到他過世那天為止。現在的喬瑟夫已經長成青年，剛剛新婚。他悲不自勝，深深地哀悼，緊緊黏著他的新婚妻子雪莉；雪莉呵護、接納喬瑟夫，取代了他剛剛失去的父親。而喬瑟夫也因此依附著她。雖然錢一直不是問題，但是，直到現在，他有生以來第一次享受到用錢的愉悅。過去他從來不懂。

講起泰瑞莎，他說：「她讓我覺得很亂，搞不懂。前一分鐘，我媽媽是好心的皇后，後一分鐘，在沒有任何徵兆下，她又變成了灰姑娘的後母。我從來不知道該期待什麼。」幾年後，泰瑞莎罹患了多種慢性病，被安置到一家高檔的安養院。喬瑟夫說：

「我痛恨這麼說，但我終於自由了。我的監獄終於打開出口了。」

即便大半生都在經歷焦慮，但他還是每天都去看泰瑞莎，這是他的選擇。「她是我媽媽，她不由自主地變成了這樣一個人，都是戰爭的錯。我猜，某種程度上，這一切都是有原因的。」

所有情緒都有一個目的。有時候目的很清楚，但如果不確定，也就是我們可以學習之處，就算面對的是所謂的負面情緒也一樣。焦慮就是這樣的一種情緒。焦慮一直被解釋成一種失調，處在焦慮中時，我們會去偵測、著重、儲存、追溯及回憶焦慮相關的資訊，但我們也可以切斷這個連續過程，不要去追溯。這樣一來，我們就控制了回應模式，改變了一系列的自動反應；當出現危險即將來臨的警示信號時，我們不再追溯資訊，改採其他可以帶來希望的行動。換言之，我們切斷了原本的設定，以其他比較有益的方式取而代之，喬瑟夫就是這樣做。

悲痛與哀痛

會帶來悲痛的情緒，不只是死亡而已，其他如退休、身體狀況衰退、將親人安置到協助性照護或安養機構等引發失落的事件，也有相同的效果。我們會對他人、也會對自己感到哀痛。退休很可能會引發悲痛的情緒。

退休涉及多重失落，包括失去工作、失去收入、失去職務、失去固定的日常作息、失去地位等等，退休的人會出現難過、悲痛等情緒，有時候也會抑鬱不樂。反之，對有些人來說，退休卻是鬆了一口氣，是歡喜進入人生的新階段。

然而，某些人面臨的身體健康與功能衰退，可能包括無法行走，或是看不到、聽不到或無法保有理智。即便是最簡單或最私密的活動，也必須仰賴他人的協助，此時我們可能會覺得失去了獨立自主還有尊嚴，因此感到悲痛。

要將親人安置到機構裏接受長期照護，是艱難而且會引起悲痛的經驗。對某些人來說，這代表，在你和對方之間的連結、依附關係當中，你也失去了一部分的自我。死亡則是最終的失去。

克萊拉的故事：仍為了母親而悲痛

克萊拉說：「我走進屋子裏，自動拿起電話。」

我媽媽一年多前過世了，但到現在我還不相信這是真的。以一個已經六十歲的女人來說，我是不是很蠢？我以前每天打電話給她，當我聽到她的聲音時，我會對自己微笑，聽著她用習慣的答案回答我的問題。「媽，我是克萊拉，妳今天還好嗎？」她會很輕柔、很溫柔地回答我：「寶貝，就像老太太一樣好，我還能怎麼樣呢？」這些話太熟悉了，但我怎麼聽也聽不夠。現在，一切都沒了，跟著她去了。

克萊拉深愛母親。這種親密關係可以回溯至她的童年：她媽媽年紀輕輕就喪偶，媽媽是保護者、照顧者、養育者，是克萊拉的「一切」，不管她是孩子、是青少女，還是已經長大成人。現在，克萊拉感受到失去了這股非常特別的親密連結。

和所有情緒一樣，悲痛也有程度上的不同：悲痛一開始是難過，感覺憂鬱。悲痛的期間相對短暫，但也有可能引發憂鬱，憂鬱症是會長期持續的嚴重臨床慢性病。只要是人，每一個人都會悲痛。

悲痛會出現在失去的之前與之後。悲痛的情緒就像火焰一樣，不管是溫柔搖曳還是熊熊燃燒，一直都在。若有任何線索指向將要失去，或者事件剛剛發生，都會點燃這股情緒。不管是之前或之後，失去都會讓人覺得自我認同被扯碎，有一部分的你已經不在了：那是你和你在乎、深愛的對方之間的連結。一想到即將真正的失去，比方說：「她病得很嚴重，我們不知道她能不能活下去。」就會讓我們感受到得面對赤裸裸的事實，毫無招架之力，全然地脆弱。

然後，你真的失去了。現在一切成為真實，你覺得自己好像走到了奈何橋邊，這條橋，分出了生與死。痛苦很強烈，你的感受很深很深，覺得那是一個永遠無法癒合的傷口。你必須面對一個模樣完全不同的世界。你或許會看起來很酷，接受現狀或很勇敢，或者反之，你歇斯底里、失控，完全找不到生活重心。事實上，在這些時候，我們全都失去了平衡，陷入了憂傷的深淵，我們因此身心衰弱，夜不成眠，空虛不已。

然而，當他人幫助我們在其中增添意義時，我們便有了餘地，讓悲痛、哀痛以及使人之所以為人的潛能得以存在。儀式，包括追憶，能讓看來無意義的變得有意義，比方說：「瑪麗是好人，我還記得當……」「我第一次見到約翰時是……」這些儀式讓本來面目模糊、空泛、空虛的部分有了臉孔，現在變得具象了。有宗教信仰的人或許會說：「他現在和上帝在一起，回到天家了。天家等著我們每個人。」

很快的，即刻的震驚、悲痛會轉變成哀悼，就像傾盆大雨變成連綿不停的微雨；在生命中任何時刻，這股悲傷情緒都可能冒出來：某個看來與他們相像的人、一部電影、一個記憶或是一個夢境。忽然間，你心裏又倒帶到從前。悲痛和失去（還有死亡），讓我們和自己貼得更緊密。除了現實真相以外，這是更深一層的生命意涵。

除了負面情緒之外，照護過程中也有很多正面情緒。愛與希望就是正面的情緒，它們通常被稱為「療癒性情緒」（restorer emotion），因為它們可以幫助我們應付整個過程，也能讓我們恢復精力。

愛

愛，也就是情感的依附，會因人而異。一般人想到愛時常常只想到浪漫的親密，但愛不只是這樣，愛，是兩個人之間的連結。身為照護者的你，想到受照護者時可能不會想到「愛」，但是，你們之間已經建立起了某種聯繫，這就是愛的主要特質之一。當你們分開時，很可能會想念對方。

希望

希望和愛類似，也是具有療癒力量且能讓人恢復精力的情緒。希望是一種信念，相信不管怎麼樣，事情總是會順利。比方說，癌症病患不管怎麼做都很難抑制病情的發展，但是，透過對醫師、上帝或運氣等等的信念，還是可以感受到希望。懷抱希望的人通常是樂觀主義者，他們看到的永遠都是半滿的玻璃杯。身為照護者的你，對於受照護者的情況即便不是特別樂觀，你也要明白，如果受照護者懷抱希望，對療癒仍會有幫助。不要低估這一點。

第11章

照顧別人，也要照顧好自己

每一個人都把重點放在我父母身上，那我呢？什麼時候才輪到我？都沒人在乎嗎？

——一位照護者

會老的不僅是受你照護的人，你自己也會，而且每天都在老去。你如何看待身為照護者的自己，是一塊小拼圖，嵌入你看待自己身為獨特個人的自我觀點。只不過，這很可能是一塊意外的拼圖。現在你已經被塞進這個角色裏了，不要忽略你根本的自我。

照顧年邁的親人，是全年無休的工作。這份工作勞力密集度高，情緒上也很磨人。照護者就像在變戲法一樣，必須扮演各種不同的角色：父母、小孩、雇主、員工、配偶和維修人員，種類繁多，難以一一列明。讓問題更形複雜的，是時間管理問題。當一切似乎都在同一刻分崩離析時，很容易就讓人心力交瘁。

在你全心全意面對照護任務帶來的挑戰、壓力與慰藉的同時，若要避免過勞，非常重要的是，要注意你自己的需求。這表示，你要聚焦在你也有人性的弱點、限制和你自己的需求。不可以忽視自己的健康問題與照護，在壓力高漲的此時尤其如此。否則，在這場混亂當中，你會成為第二個病人。

照護是雙頭的：你要照護他人，也要照護自己。這兩邊都是人類經驗的一部分，兩邊也都很重要。關鍵是，要讓兩邊達到平衡。以照護者來說，重要的是要帶著善意。同樣重要的是，要適當地克制，並畫出底線。照顧年邁親人的人一旦做過了頭，也等於是搞砸了。

艾琳的故事：提供照護的人

葛斯從汽車裝配廠的領班職務上退了下來。結縭四十年來，他一心一意為家奉獻的妻子艾琳是個家庭主婦，不分日夜，照顧家裏一切瑣事。他當然有能力替自己張羅點心，但他會等她算好他的需求，把東西端來給他，如果她沒這麼做，他就發脾氣。她從未抗議。退休之後沒多久，葛斯就開始出現喘不過氣來的徵狀，診斷後發現是充血性心臟衰竭。醫生開了藥，並建議他簡化日常活動行程，而且要避免活動過度，葛斯也因此佔住他的安樂椅，一坐再坐，其他什麼都不做。艾琳變成他專屬的照護者、看護、管家以及負責逗他開心的人，更要具備十八般武藝。

他永不厭煩地提出要求，而她則永遠沒有底線。艾琳忽略了自己的需求，不去管自己的腸胃問題已發作了好幾次，沒有和朋友討論，也沒有尋求專業建議，一直說服自己說他的需求比較重要。習慣了艾琳要持續不斷地照顧葛斯，她的朋友們也漸漸不來找她、不打電話給她了。到最後，縱使不願意，她還是請了一位兼職照護助手來幫忙。有一天晚上，她胃痛得非常嚴重，於是衝到醫院去，發現她已經到了癌症末期，來日無多了。那些被她趕走、要他們別插手照護父親工作的成年子女們馬上趕來，堅持她一定要請個全職看護；現在，他們兩個人都需要人照顧了。三個月後，艾琳過世，葛斯開始叫看護「艾琳」。

就像艾琳一樣，如果你沒有設下界線，你會無法察覺自己到底怎麼了。要能體察到我們何時做得過多、過了頭，就必須了解自我。出現在你眼前的環境、條件甚至具體的物品，實際上都是透過你的意識而形成的。你和你的環境是分不開的；事實上，你和你的世界是合而為一的。你不要只是看到事物的「客觀」表象，要去看「主觀」的中心——你的自我，你的意識。你對於主觀中心的回應，透露了你主觀上自認為自己生活在什麼樣的環境中，而這回過頭來又決定了你如何活在外在、看得見的世界裏。你要能知道自己很健康，才能知道什麼叫健康；如果你想知道人際關係的重點是什麼，你就要能體察他人。

自戀

「自戀」一詞常受人撻伐，總是被當成是錯的，只有自私、只顧自己的人才會把焦點放在自己身上。「她什麼都不管，誰也不在乎。她的重點只有她自己需要什麼，根本不管旁人。」如果這個人年輕時確實是這樣，到老了很可能也是這樣。「我媽只在乎她看起來有多美。」海麗葉說，「如果我買了新衣服，她也不會稱讚我。反之，她會說：『喔，海麗葉，這件衣服如果是藍色的話，穿在我身上會很好看。妳去幫我買一件我的尺碼。』太自以為是了，而且一輩子都改不了。」但海麗葉非常渴望媽媽的愛和認同，她總是在付出，一天會去看媽媽兩、三次，但這股潛在的需求從來沒有被滿足過。

照顧自我

有一位照護者說：「我需要呵護、餵養、重視並尊重我的自我。自我照護的真諦是，要記住我也有一個自我。然後我才能活著，才能好好的。之後我才能照顧別人。」照顧自我不同於自戀、自私、或自我放縱。每一個人在生理上與心理上都需要獲得養分與足夠的休息，才能找回幸福快樂，也才能為別人和自己帶來幸福快樂。我們可以看到某些健康的自戀，比方說，老婦人中風後復原，要求梳頭和擦點口紅，並說：「我希望梳個頭，看起來漂亮一點。還有，能不能請妳幫我找我的耳環？妳知道，我最喜歡的那一副，就在我床頭的抽屜裏，可以嗎？」這是健康的自戀，旨在滋養、重視你自己，讓你記住自己還活著。

自我

你的自我，是讓你成為你的所有人格特質加總之後的獨特組合。你運用這些特質，以你特有的方式和環境互動。當你得到新資訊時，你會只接受和你的個性一致的部分。這個獨特的「你」，不斷成長、茁壯。加總一切，就構成了你的整體感、整合感，讓你用以面對挑戰與應付這個世界。隨之產生的副產品，是做為制衡之用的自我規範與自我控制。自我規範的能力對於控制衝動來說非常重要，對於發展及維護健全的自尊而言，更是基本的要素。

人的眾多自我

人會有一個「真正的」自我和一個可能是「假性的」自我。前者指的是你的感受、能力、偏好、傾向和品味構成的特有組合。你的「假性」自我，是放棄了真實自我之後出現的自我；這個自我會因為不斷地嘗試去「適應」而變得過度順從。適應和我們表現給外人看的公開的自我有關；我們利用公開的自我來贏得讚賞，療癒心靈創傷。會出現假性自我的例子，例如某個小孩被帶出去炫耀，大人口口聲聲說他是「我最可愛的、天賦異稟的鋼琴家」，但是一回到家裏，少了觀眾之後，就被貶得一文不值；或者是某個小男生，他母親在他四歲之前都讓他留著捲髮，讓別人看她「漂亮的兒子」，還把他打扮成小女孩，讓他倍感羞辱。

夢境

你要如何才能了解自己真正的自我？藉由了解自己的需求、渴望、偏好和能力，並貼近你的直覺感受，你就可以找到真實自我。直覺是你最初會聽到的聲音，通常也是你最能仰賴的意見。透過善用夢境（包括白日夢和夜夢），你也可以了解自我；夢境，是和你的真實自我有關的資訊。你的夢境，具體呈現了每天生活中發生了什麼事。一旦你花時間去徹底感受夢境，就很容易判讀。夢境，是你的真實自我在和你對話。

每個人都會做夢。你不一定記得自己的夢，如果想要知道夢到了什麼，就要在你醒來、知道自己做了個夢之後，馬上寫下來。你不一定要是專業人士才能解夢，你也不用去了解象徵符號的意義。照實寫下你的夢境：這就是人生中此時此刻的你。至於象徵符號，佛洛伊德（Freud）說過：「有時候雪茄就只是雪茄而已。」

泰絲的故事：什麼都阻止不了她

泰絲七十四歲，最近動了膝關節置換手術，考量到她暫時無法行走，因此請人來照顧她。過去她很活躍，她跑步、騎單車、健走，對於自己看起來比實際年齡年輕而自豪，她說：「不管幾歲，我都可以追上任何人。」她以前可以，但動過手術之後，就不同了。外表看來她並不憂鬱，而她的內心也確實沒有一點鬱悶。這段時間裏她持續做一個夢，說明了她如何因應變局：

我每天早上醒來時都很累，因為我在夢裏一直跑，要去趕一班我老是錯過的飛機。有時候，我跑得不夠快，要不然就是飛機不等我。後來我發現我可以搭公車，這樣也可以順利到達機場。時間或許長一點，但我也可以順利抵達，而且沿路風景很美。一直有人對我這樣說。當我學會如何運用這個夢境時，我明白了，膝關節置換讓我的行動變慢，但某種程度上我還是可以到處去，做我需要做的事，去我需要去的地方。我可能要多花點時間，但我還是可以順利抵達。任何人、任何事都阻止不了我。手術絕對打不倒我。我還有好多年可活，而且要活得好。

泰絲的夢揭露了她的本性，以及她面對日常生活的態度。反省之後，她知道一切都會順利的。

另一方面，卡文看到的卻是烏雲，他的夢境很沉重。

克服恐懼

卡文七十九歲，是退休的中學體育老師，退休之後他在某些體育比賽中擔任自由裁判。他的長期髖關節疼痛發作過幾次，醫生說必須置換，而且越快越好。但是，他這一輩子從沒住過院，現在也不想破例。事實上，他怕死了。從卡文對他最好的朋友（也是他過去學校的同事）所說的話中，可略見一二：

我因為惡夢而醒來。我躺在一副大理石棺中，就像你在博物館裏看到的那種，而且像木乃伊一樣全身纏滿繃帶。我摸了摸自己，發現這裏面完全沒有開口，而且不管我怎麼用力扯這些繃帶，都沒辦法扯掉它。不知怎麼的，我從觸感和尺寸上知道那確實是一副大理石棺，而且我一定會死在這裏。這個時候，我醒了，流了一身汗，呼吸困難，雖然我很慶幸自己還活著，但我很怕自己無法擺脫這個惡夢。

一旦他可以開始檢視這個夢境，卡文了解到這就是他的恐懼，他擔心手術會讓他完全失能、無助，而且會害他被困住。他有一個朋友也做過髖關節手術，卡文和朋友討論這件事，朋友一再向他保證沒什麼大不了的，他也鼓起勇氣去做了手術。一切很順利，他再也沒有做過這個夢了。

日記

有一個方法可以讓你更了解自己，那就是寫日記，尤其當現在你成為一位照護者時，更是如此。我們通常認為，只有小孩或青少年才會寫日記，但不管任何年紀，這都是非常有用的過程，讓你更了解自己。日記不一定要長。你只要寫下一、兩段，每天寫，記錄你當天的概況。寫得抽象一點，或是變成你的感覺、想法、渴望、需求與期望構成的意識流。月底時讀一讀，看看你現在走在哪一條路上。注意你的模式是什麼。日記將會揭露你的軌道：可能是意外，可能是欣喜，也可能是得到新的洞見。你現在就是在這裏。

內在平靜

你如何放輕鬆、達成平衡，並一直維持這種狀態？靜下來是一種做法。花點時間去求得平靜。我們會思考並且想太多；我們分析、推測、規劃、反省、計算而且執著，處理著一個又一個問題。雖然人的心靈本來就是一個奇蹟，但心有時候也需要平靜下來。只有在沉靜與完全孤獨時，我們才會發現我們的心靈已經失控了。漫無目標地加快心靈運作的速度，只會在內心掀起焦慮。我們或許能從呼吸當中察覺出來；焦慮時我們的呼吸會變得沉重而且不規律。

照護者需要把焦點放在進入沉靜的心，找到真正的內在平靜。確實，品嚐內在沉靜的美好，能讓你比以前更敏銳，更能體察。這會讓你進入所謂自我觀察的狀態，對某些人來說，甚至是一種「啟發」。這是一種全面性的平靜：感覺和整個宇宙「合而為一」，或者是「放手」。

因此，在忙碌、過度活躍而且通常很混亂的日子裏，你要挪出一點時間追求沉靜。躲進任何真的可以讓你安靜下來的房間裏。當想法一波波襲來時，就當它們是一群飛過你頭頂的鳥兒，立刻要飛到其他地方去；而現在，天空又安靜了。存在，只有你和一片安靜。每天都花幾分鐘做做這樣的練習，最好是在同一個時間。無須任何設備，只要帶著你想要獲得自由與平衡的渴望，平靜將歸你所有。隨著這項練習與你的生活密切結合，寧靜的時刻將會越來越長，它們會從暫時、過渡的經驗不斷演變，變成你熟悉的同伴。

一旦你學會如何讓自己沉靜下來，你可能會想要邁向更高境界。瑜伽會有幫助，祈禱會有用，冥想也有相同的功效。要練瑜伽，你需要教練，你可以報名課程然後開始練習。要祈禱，你必須知道要怎麼做。要冥想的話，以下有一些原創性的練習，我們認為極有幫助。這些方法很簡單，你也做得到。

冥想

找一個安靜的地方練習冥想，可能的話，試著在同一個地方冥想，並將冥想的時間設定在白天或晚上的某個相同時段。一開始，做五到十五分鐘就夠了，只要每天持之以恆。先從放鬆身體每一個部位開始，之後深吸一口氣，慢慢地，然後用嘴巴快速吐氣。重複三到四次。現在你已經準備要開始冥想了。請從表 **11-1** 列出的五種方法中擇一進行。

表11-1 冥想的方法

燭火冥想法
凝視（不要瞪視）距離你一．五公尺外的燭火，一直到你閉上雙眼。接下來，把火焰、顏色與律動的圖像一起帶入你的冥想當中。
「是的」冥想法
深吸幾口氣，慢慢地，好讓你放鬆。想像一下，你用白色的顏料寫出大大的「是的」這兩個字，寫在黑色的背景上。想像這兩個字像霓虹燈一樣閃爍，像跑馬燈一樣跑向左邊，然後消失不見。在第一個「是的」消失之後，馬上又出現另一組比較小的「是的」。跟著念每一個變得越來越小的「是的」，一直念到第十遍，然後反轉順序再來一次，讓「是的」從小漸漸地變大，直到回到原先第一個「是的」。現在，深深、慢慢地吸幾口氣，完全放鬆。
「愛」的冥想
閉上雙眼。深呼吸，放輕鬆。想像你眼前出現「愛」這個字，用白色或粉紅色的顏料寫成。當你看到這個字時，想一想這對你而言有何意義，然後想到你用全心全意去愛的那個人。去體會愛的感受，體會這種美好的情緒傳遍你全身，之後它集中在你的心上。想像愛的力量放射到全宇宙中（是的，也包括那個你所照顧的難纏的人）。把愛的力量送到那個人身上。請注意並感受你和對方之間出現的正面變化。沉浸在這種美妙的感受當中，帶著這種感受，慢慢地睜開雙眼。深深、慢慢地吸氣，並慢慢地吐氣。

計算呼吸

閉上雙眼，放鬆身體，深深、慢慢地吸吐幾口氣。用你的心去聽，你吸氣，一；吐氣，二；再吸一口氣，一；吐氣，二。先重複做十次，然後再重複最多二十次。這種冥想法極適合用於專注與集中。

小度假冥想

閉上雙眼。用鼻子吸氣，然後用嘴巴呼氣。重複。現在，感覺你自己輕輕地飛了起來，開始旅行。在你心中畫出一個美麗的地方，這是你最想探訪之地：海邊、鄉村，或任何讓你覺得美好的地方。看看這個地方，感受它，吸一口大自然的氣息。你要的話，也可以回想你之前度假去過的地方。現在，深吸一口氣，然後吐出來。慢慢地，慢慢地，感覺自己回到你原先所在的地方。現在眼睛睜開。

除了提升自覺之外，你也可以採取某些不複雜的做法來緩和你的照護壓力。每一個人都是獨一無二的，因此，你要尊重並且選擇最適合自己的方法。親友同事或許很好意，給你很多建議或意見，但請你傾聽自己的內在聲音，它會告訴你對你來說什麼才是對的。請記住，你或許要隨著環境的改變而改變，但千萬不可放棄真實自我。古希臘哲學家赫拉克里特斯（Heraclitus）說過：「我們無法踏入相同的河水兩次（We never step into the same waters twice）。」他的意思是，就像人會改變一樣，就算我們在同一地點踏入同一條河，河水也是每一分每一秒都在改變。

因此，隨著照護工作的繁重程度增加、減少或走向另一個方向，你也會歷經不同的轉折。但是，這一切都有非常正面、務實的一面：變化，讓你了解人生意義和你自己的能耐，這些是你之前從來不知道的。

得出心得：設法找到平衡

你要做的事不一定都很複雜、昂貴、讓人疲憊。但是，首先要記住的是，你可以只做你可能做到的。雖然難度就像雜耍一樣高，但你還是需要在家庭、事業、受照護者和自己當中取得平衡。

你能做的事情有限。你無法讓每一件事時時平順。受你照顧的人很可能出現你無法掌控的健康問題。舉例來說，雖然你無法阻止癌症擴散，但你可以掌控受照護者的生活品質：提供呵護備至的環境，並輔以疼痛管理、均衡營養以及社交刺激。接受你有底線這件事，並順應底線行事。受你照顧的癌症病患，或許可以乘坐輪椅去自家花園走走，享受戶外時光。這件事對你來說或許不是什麼大事，但對病患來說很可能是重新獲得生命活力的重要插曲。請珍視所有的小小勝利。

在這個壓力高漲的期間，不可忽略你自己的健康問題和照護。就算你把全副精神放在為受照護者提供最好的服務，也要盡力避免讓自己成為第二名病患。你要遵循醫囑，遵守相關飲食、健康與用藥規定。要有必要的睡眠與休息。持續和朋友們維繫關係。去從事一些可以幫助你放鬆的活動，花點時間找樂子。別忘了，時時測量你的情緒溫度。

你的情緒健全度

你的焦慮、內疚和憤怒等等情緒，是不是已經快滿出來了？你是否覺得很憂鬱？這些感受是否已經干擾到你的日常運作：你的人際關係、工作、睡眠、胃口、健康與效率？若是如此，請多注意。現在還沒有任何「魔法藥丸」可以緩解你的照護壓力，過程中可能會讓你出現嚴重的憂鬱與焦慮等健康問題，需要用一些干預手段來解決這些問題，包括諮商、服藥、自然療法或另類療法、改變生活方式或是多管齊下的綜合療法。當你感覺已經疲累緊張過頭時，可能需要諮詢專業人士。

你也有其他選擇。支持團體，比方說由同儕或專業人士引導的照護者聚會，讓你有機會分享經驗與實務上的做法，並能在「安全」的環境下一吐你的感受。如果想取得資訊、了解哪裏有支持團體，當地的長者服務辦公室或是特定疾病的組織是一個很好的起點，比方說阿茲海默症協會或癌症病患關懷機構（Cancer Care）。如果你不喜歡團體聚會，也可以尋求個人諮商。醫師或神職人員都是可運用的額外資源。

減壓

花點時間，想想看你可以怎麼樣減壓。以你的自覺為基準，看看怎麼樣會讓你輕鬆一些。你可以找人協助。你可以這麼做：聘用居家照護人員，請兄弟姊妹或親戚幫忙。使用其他額外的服務，比方說成人日間照護，或進行暫時的喘息安置。或者，你也可以組合以上選項，交互運用。但是，當你覺得負擔太大時，很可能連什麼安排都不想做了。你受夠了。

如果這就是你的狀況，你還有另一種選擇——你可以聘用專業的老人照護經理（geriatric care manager）。老人照護經理可以配合你和你的家庭，針對你年邁的親人提供量身打造的最佳服務組合。照護經理可以負責以下這些工作，以減輕你的負擔：

- 評估老人家的狀況，以判定當事人的個人化需求，提出一套照護計畫；
- 安排居家協助，例如面試及選任居家照護人員，將受照護者的需求與申請者的技能仔細配對；
- 確定申請者可信、可靠、經過適當的篩選與訓練；
- 透過定期的電話聯繫、預先排定與非預期性的訪視，持續督導家庭照護人員；
- 提供其他設備，如耐久性醫療設備、尿布、營養補充品與衣物；
- 協調溝通，並成為所有服務之間的重要連結；
- 轉介給其他服務提供者，如成人日間照護、醫師、牙醫師、實驗室、營養師、美容師、治療師和諮商顧問；
- 護送受照護者前往約診或預定的活動；
- 找到最能滿足受照護者需求與生活方式的安置機構，如協助性照護機構或安養院；
- 協助客戶從居家照護過渡到機構照護；
- 督導安置後照護；
- 和其他涉及的專業人士合作，如醫師、律師、會計師與財務規劃人員。

只要你需要，照護經理都可以和你一直合作下去，通常可以隨著需求程度的變化而調整。要尋找老人照護經理，可以上www.caremanager.org。

找時間出去走走

每一個人都要挪出一點時間，脫離照護的壓力與緊張。你或許應該想一想，當你離開工作崗位，比方說去度假、放長休假（譯注：某些組織允許一定年資的員工除了年假之外可放一段較長的假，去做自己想做的事，從數個月到一年不等）或家庭照顧假時，能得到哪些益處，看看你能不能在壓力快到極點時，也找點時間休息一下。瑪格姐就是一個例子，她是獨生女，一直因為母親的健康狀況起起伏伏而接到「恐慌來電」，經常疲於奔命，從安養院衝到醫院（或是復健中心、精神病房），然後又衝回安養院。即便瑪格姐已經將母親安置在安養院，也沒能讓她喘口氣，她本來以為脫離了日復一日的照護管理工作之後可以輕鬆一些。

安置之後，母親的狀況很快地變得很不穩定，瑪格姐選擇盡可能陪在她身邊。過不了多久，瑪格姐開始擔心自己是不是能繼續這樣做，同時還能保有自己的全職工作。她找到一個非常有創意的解決方案，她（欣喜且驚訝地）發現，雇主准許她請「家庭照顧假」，以每小時為單位，這樣一來，她就可以根據需求分配好她的病假、年休、家庭照護假。知道有哪些選擇，可以讓你擁有更多的自由度。

蘇珊的例子也一樣。她把母親安置在安養機構，她不用面對母親狀況忽好忽壞的問題，但她很想常常去探視媽媽，希望一個星期至少去三次，「去陪陪我無助的母親」。理智上，她很清楚安置是很恰當的做法，但感情上她覺得不安、內疚，內心很衝突。她已經退休了，但她的丈夫瓦特年屆七十，仍以幾乎「全速」在衝刺他的顧問事業。他能了解蘇珊的心情，但整個狀況讓他很不高興。他們的女兒艾比住在兩個州以外的地方，目前有一個十四個月大的女兒，這是他們第一個也是唯一的孫兒；但因為他倆要擔負照顧老人家的任務，在小女娃出生的前幾個月，他們沒辦法常常去看她。

在體會到他們錯過多少之後，他們下定決心每個月都要和女兒、女婿和孫女一家共度一次長週末。這種小假期的安排，讓他們得以「振作」起來，這是他們非常需要的，他們更愛看著小人兒漸漸長大、茁壯。

保有你的人際關係

不僅原生核心家庭裏的家人是你的家人，家人還包括你的配偶或伴侶、孩子、孫子，以及其他和你關係密切的家人與朋友。有一位為人夫的先生便說了：

我很愛我的岳母，也了解妻子對母親的奉獻。但是，自從她成為照護者之後，就沒有留多少時間給我了。我們幾乎不再上床。她太累了。一直是我在做晚飯、照顧孩子，因為她幾乎都不在。我覺得很失落、被忽略，我很擔心這對我的婚姻與孩子們會造成什麼樣的衝擊。這種情況要持續多久？

要處理這些問題，必須轉移平衡點。照護者必須檢視自家與自己人生的現狀，重新思考她的優先順序。或許此時她應該要求兄弟姊妹分擔責任，堅持她「無法一個人全部攬下來」。檢視整個狀況是非常重要的。

分擔責任

你或許是被指定的主要照護者，但這不表示你必須成為唯一的照護者。家庭是一群人構成的團體，家人必須分工合作。就像成功的企業必須仰賴團隊一樣，脆弱的老人家也需要仰賴高效率的家庭團隊，接受他們的照護與保護。到了這個時候，過去的衝突都不重要了。主要照護者要接受親友、鄰居與專業人士的協助。

提出具體的要求。照護是重責大任，主要照護者不應該勉為其難甚至不願意要求其他家人、親友與鄰居的協助。要具體說明你需要什麼。不要說「你幫不了我」，這種話會被當成指控；或者，連「你有時候能不能來幫我一下」這種話，都太過一般性。要明確說明你要什麼，而且要事前說。「你星期天能不能在兩點到四點時來照顧媽媽，好讓我可以繼續上有氧運動課？」或者，以桃樂西為例，她患有阿茲海默症，想要加入醫療研究計畫，她的媳婦卡蘿去請一位有車而且目前沒有在工作的鄰居幫忙，問問看對方在接下來兩個月內能不能幫忙接送，載桃樂西去接受每週的診察。如果受你照護的人已經住進安養院，那就多鼓勵別人來探望，並利用別人來探望的時間來做你自己的事；如果是住院的話，同樣可以比照辦理。

減輕負擔

重新設定你的期望。你不用按照妳一向的做事方法來完成所有工作。有位照護者說：「我過去希望一切都很完美，但現在我發現，夠好就夠了。」如果保險公司允許的話，你可以透過郵件取得連續處方箋，然後一次取得多個月份的藥量。同樣的，在訂購營養補充品、失禁照護用品與醫療用品時，也可以透過電話或網路，並請對方宅配。如果受照護者只待在家裏，但又需要經常接受檢查（比方說需要服用血液稀釋劑的病患），請醫師推薦可以到府服務的檢驗室。有些檢驗室提供這類服務。同樣讓人樂見的是，有些醫師也可以到府看診，甚至還有「行動」牙醫師。如果你有需要的話，神職人員和會所召集人（congregant；譯注：猶太教的神職人員）也可以到府訪視。

享受休閒嗜好

休閒嗜好完全是個人主觀。有些人在園藝中找到樂趣，也有人避之唯恐不及。重點是，如果你一直以來都很熱衷園藝，請想辦法繼續下去。如果你一直熱愛閱讀，也找時間繼續讀下去。你或許可以選擇為無法再閱讀的受照護者朗讀。你家中的青少年或許很喜歡為受照護者大聲朗讀。附帶的好處是，彼此的關係在這當中會自然地滋長。

把一些時間精力花在你自己身上。對某些人來說，體能活動如慢跑、游泳、健走或瑜伽，是他們的喜樂所在。有些人則覺得，按摩、美容、泡澡與午休會讓他們體力充沛，精神飽滿。音樂、舞蹈和看戲也可以是你的選擇。

穩住陣腳

你可能會期待居家照護人員或家庭照護夥伴每一次都準時到達，但現實不一定這麼美好。家裏總是會出問題，交通常常會有狀況。你希望他們會事先通知你，但如果沒有的話，也別慌了手腳。深呼吸，以更廣泛的角度來評估整個情況。如果對方可以說是你在照護工作上的資產，你希望他們繼續幫忙，那就原諒吧！這樣你也比較好過。或者，如果你請來的居家照護人員烹飪手法和你不同，試著給他們明確的指示，簡化菜單，或多利用調製食品。同樣的，請評估全局。請他們來是為了什麼？是要他們烹調美食，還是為受照護者提供安全保護？

喘息照護

在家的照護者，也可以把自己的「暫停」和受照護者的「暫停」（喘息照護）時間整合在一起。安養院、協助性照護機構、團體之家或類似的地方會提供暫時性的安養，但通常要事先安排。一般來說，這類暫時性安養的期間從幾天到一個月都有。家裏偶爾可以使用喘息照護，比方說家人必須到外地參加婚禮或畢業典禮、照護者本人要動非急性的手術、或家中要去一趟定期安排的度假。去你所在的地區找找看有哪些選擇。你也可以利用居家照護安排喘息服務，聘用暫時的全時住家照護人員。

有些家庭可以私人付費取得喘息服務，但有些家庭則需要找到替代性的經濟來源。在某些州，州政府醫療保險被保險人的補助項目中可能就包含了喘息服務。由州政府提供資金的失能輔助方案，可能也涵蓋喘息服務，某些特殊疾病組織，如某些地區的阿茲海默協會，也可以提供協助。善終關懷方案也提供喘息服務。某些長期照護醫療保險中也納入了喘息服務給付。

以馬修來說，他原本是律師，因為中風而失能，他的妻子海倫選擇聘用居家照護人員來家裏待一段時間，讓她有點自由，可以參加她答應參加的高爾夫巡迴賽。或者，有時候，海倫想去拜訪小時候的朋友格雷琴；格雷琴住在南方，海倫冬天就想去那裏住幾天避冬。這時候她就安排居家照護人員住進來，在她出門時照顧馬修。

成人日間照護方案（adult day health program，也稱為medical day care）對照護者來說也是很好的喘息服務資源，可以為衰弱的老人家提供社交、營養飲食、用藥管理、照護督導、復健及交通服務。日間照護方案可接受私人付費，長期照護保險也有給付。至於資源有限的受照護者，某些補助，如州政府醫療保險可能會支付日間照護方案。當地長者服務辦公室是很好的資訊來源。另一個管道是查一查退伍軍人福利，看看哪些人有資格申請。參加日間照護方案的人，一週可以去二到五天。當照護者壓力大或生病期間，日間照顧方案的照護天數也可以暫時增加。日間照護方案對於還有工作的照護者來說非常重要。

自我照護是負責的做法

要將自我照護當成健康且重要的流程，近來已受到廣泛討論。許多照護者都會在衝突中掙扎並延遲自我照護，他們勉強著，給自己的理解與關心永遠不及於付出給他人的。但是，現實中，自我照護可能是你要做的最重要之事，不僅為了你，也為了受你照護的人。確實，自我照護是負責任的做法，對於所有投身照護他人的人來說都是如此。你要能恢復元氣、獲得呵護與達成平衡，才能成為高效率且健康的照護者，也才能一直保持下去。

第12章

老年照護的名詞解釋

身為照護者的人，突然要開始學習一種新語言：老年照護的相關用語。我們讀到各式各樣的術語，那代表什麼意思？聯邦政府醫療保險、州政府醫療保險，這兩種保險制度到底一不一樣？居家照護、善終關懷，誰能告訴我那究竟是什麼意思？這也就是我們列出以下的名詞解釋的原因。

日常生活活動 Activities of Daily living（ADL）

日常生活活動，指的是推動日常生活運作的功能，包括洗澡沐浴、穿著打扮、如廁、轉換姿勢、走路和進食。當我們在衡量一個人身體功能方面的能力時，就是衡量他們從事這些活動的能力。一個人是否有資格接受安養院安置、州政府醫療保險社區服務與請領長期照護保險補助，日常生活活動通常是衡量標準當中非常重要的一部分。

事前指示 Advance Directives

對於是否要限制或放棄使用維生性醫療，個人有權表達他們的價值觀與偏好。生前遺囑（living will）與永久醫療授權書（Durable power of Attorney for Health Care）是常見的兩種事前指示。生前遺囑載明的，是個人對於未來醫療照護決策的心願。憑藉著永久醫療授權書，個人可以指定代理人（有時稱為醫療照護委託人），當他們自己喪失決策能力時，由代理人替他們做出治療的決策。美國大多數州都承認事前指示，但仍有差異，尤其是關於是否要使用人工餵食及補充水分。

老人歧視 Ageism

老人歧視是指，僅因為年齡因素便對於對方產生固執的想法與偏見。某些對於老人家的刻板印象很明顯：沒有吸引力、身體與心智功能衰退、沒有性慾也沒有性能力。遺憾的是，老人歧視在我們美國的文化中根深柢固，其中一部分原因，來自於跨世代在工作與資源上的競爭。因為要承受污名，老人常常會試著隱藏自己的年紀，盡量留在主流社會中。諷刺的是，老年人對自己以及其他老人也會有類似的負面態度。

協助性照護 Assisted Living

協助性照護，是讓老人家住進提供各種照護服務的地方。安養院是為每一位住客提供全套的服務，協助性照護不同，住客可以只選擇需要的那些服務，並依此付費。一般來說，協助性照護機構裏的長輩住在套房或小公寓裏，可能是單人房，也可能和人共用，他們可以獲得基本的套裝服務，包括打理家務、膳食、照護監護、活動以及本地的交通接送。住客也可以購買額外的服務，包括用藥管理、個人照護協助、參與活動的來回陪伴以及護理服務。協助性照護的住客可以把自己的家具和汽車帶進來。

有些協助性照護機構有專門的失智部門，但服務、員工訓練與成本等環境條件差異很大。協助性照護的費用多半是私人支付，但有些州會提供州政府醫療保險方案補助，某些長期照護保單也會支付這種程度的照護。

過勞 Burn-out

過勞是長期處於極大壓力下的醫療照護人員及家庭照護者會出現的負面狀況。過勞會影響照護者的態度與表現，從而降低照護品質。

持續性照護退休人士社區 Continuing Care Retirement Communities

持續性照護退休人士社區為住客提供住處與各種不同程度的「生活照護」。這類機構通常是院區式的，服務包括獨立生活協助、協助性照護、健康醫療督導、居家照護、安養照護，甚至專業的失智照護服務。有些社區也有專屬的醫療人員與診所。這類社區有些相當高級，有些很一般。入住這類社區通常要繳交一筆入住費，之後還要支付月費。持續性照護退休人士社區的居民可以在熟悉且舒適的社區中得到各種不同程度的照護，而且要支付的月費不一定會隨著照護需求增加而提高，因此可以避免因為高昂的長期照護成本而耗盡資產。之所以有這種優勢，是因為有時候一開始的入住成本高昂，可以用來支應與補貼後面的運作。許多持續性照護退休人士社區提供各種不同的融資選擇，入住費、月費和額外成本也會因為不同的支付方式而不同。

部分負擔 Copayments

部分負擔是保險用語，指被保險人要和保險公司分攤的成本。以聯邦政府醫療保險（Medicare）的B部分（醫療保險）的補助項目而言，聯邦政府醫療保險支付百分之八十可核銷的費用，被保險人支付剩下的百分之二十。在A部分（住院保險）項下，則有年度自付額（annual deductible；譯注：美國許多保險都會有一個年度自付額，以累積方式計算。費用帳單下來之後，如果金額低於累積的自付額，保險不給付，超過部分才給付。部分負擔則比較像是台灣健保制度中的部分負擔，依次依比例計算）的限制，並分成住院第六十一天到九十天的部分負擔，以及從第九十一天到最長住院終生要負擔的更高比例部分負擔。至於A部分項下的安養院照護，受益期間的前二十天保險全額支付，到了第二十一天開始到最長一百天內要開始支付部分負擔，但前提是病患要滿足聯邦政府醫療保險的診斷與治療需求標準。聯邦政府醫療保險輔助計畫（Medigap）的保單通常可支付自付額和部分負擔，但受益的類型必須由購買的輔助計畫保單內容來決定。有些保單也支付B部分之下的超額醫師診療費。

看管式照護 Custodial Care

聯邦政府醫療保險特別聲明不支付「看管式照護」：提供監護與協助日常生活活動（包括洗澡沐浴、穿著打扮、進食、如廁、走路和其他生活活動）的照護（譯注：相對於醫療式照護，看管式照護的重點為沒有醫療照護行為）。看管式照護的需求一般來說都是持續性的，而且需要這類協助的老人家，可能只需要技術程度有限的安養照護便足夠了。這類照護可由居家照護人員在家中提供，或由安養院裏的認證助理護士、協助性照護機構裏的個人照護人員負責。州政府醫療保險、退伍軍人福利與長期照護保險或許有涵蓋監護士照護。

自付額 Deductibles

在美國的保險中，除了部分負擔之外，自付額也是另一種形式的成本分攤。在聯邦政府醫療保險中，所謂的自付額，是被保險人自己必須先支付的金額，等到額滿之後聯邦政府醫療保險才會開始給付。若是長期照護保險，自付額可以解釋成保險的免責期間（elimination period），在這個額度之內你必須自付費用。在你符合醫療給付標準之後，就開始計算額度了。

譫妄 Delirium

譫妄是一種急性的心智變化，通常會出現突然且嚴重的混亂，知覺與注意力時好時壞，甚至會出現幻覺。譫妄通常和某種根源性的病症有關，如感染、脫水、藥物反應或手術，住在社區型環境中及住院的長輩經常會罹患譫妄症，尤其是已患有失智症的人。譫妄可能威脅生命，要迅速進行醫學上的處置。

失智症 Dementia

失智症指的是記憶力與其他智性功能的逐步退化，嚴重到足以影響日常生活功能。失智症會連帶造成日常生活活動與行為的退化，並引起個性和心情方面的改變。退化，指的是功能遠遠不如過去可達到的水準。有幾種疾病都可能引發失智症，而阿茲海默症是最常見的老人失智原因。所有阿茲海默症的病患都會失智，但失智症病患不一定全都有阿茲海默症。

憂鬱症 Depression

憂鬱症是一種心理疾病，徵狀包括心情低落、對一切提不起興趣、沒有活力、沒有胃口、疼痛、睡眠模式改變、過度擔心自己的健康、覺得無助與毫無能力。自殺是可能致命的憂鬱症後果。憂鬱症可能偽裝成失智症或類似失智症，或是兩種病症同時出現。

不施行心肺復甦術 Do Not Resuscitate（DNR）

不施行心肺復甦術是醫師下的命令，在病患心跳或呼吸停止時，若在醫療上不適合施行心肺復甦術，則不嘗試施行心肺復甦術。在醫療照護機構中，這個命令是遵循病患或代理人的期望，而且必須要註記在醫療紀錄中。病患、代理人或醫師隨時都可以撤銷這個命令。在某些州，准許住在家中的個人也可以做出不施行心肺復甦術的決策，應填妥申請表格並簽名，醫生也要簽名，張貼在明顯之處，讓所有急救人員都能看到。

耐久性醫療設備 Durable Medical Equipments（DME）

在搭配某些特殊設備之下，老人可以在家裏接受照護，利用如輪椅、醫院用病床與氧氣幫浦，這些稱為耐久性醫療設備。這類設備與醫療用品，包括夾板與包紮用品，如果是由醫師開立處方，而且透過有認證的醫療設備供應商取得，聯邦政府醫療保險都給付。如果提供的醫療設備或用品是配合A部分項下包含的技能性居家照護，聯邦政府醫療保險會百分之百給付；若否，B部分會給付百分之八十核可的費用。

權利 Entitlements

權利，是所有符合資格標準的個人可以享受的福利，例如聯邦政府醫療保險、州政府醫療保險與退伍軍人福利。

居家健康照護 Home Health Care

不管是因為疾病、衰老或兩者皆有，除了由親友、鄰居等人提供的非正式照護之外，許多老人家還需要比較專業的照護與協助。有些服務可能有時間性，有些則是長期的。安養院與其他機構都能提供這些服務，但多數長輩喜歡在自家舒適的環境中接受必要的協助。居家健康照護包括：技能性的照護服務與看管式照護。支付照護的經濟來源包括私人支付、聯邦政府醫療保險與其他醫療保險、長期照護保險、退伍軍人福利與州政府醫療保險，而這些權利與保險方案都各有不同的判別標準與要件。

善終關懷 Hospice

善終關懷照護的對象一般是預期壽命短於六個月的絕症病患，提供全方位的舒緩照護與支持服務，包括針對親屬所做的喪親諮商。善終關懷照護的病患不接受侵入性的維生治療，例如抗生素、心肺復甦術（CPR）、人工餵食與液體補充。但是，疼痛管理是善終關懷照護的高優先性任務。善終關懷照護是聯邦政府醫療保險A部分給付的福利。善終關懷照護的病患，雖然有權放棄請領聯邦政府醫療保險對於治療該絕症的服務之補助，但聯邦政府仍會給付善終關懷照護與相關的醫師費用，並持續給付其他和治療該絕症無關的服務。私人保險與退伍軍人福利也會給付善終關懷服務。

同意書 Informed Consent

醫療同意書，是當病患或其代理人聽取了治療或醫療研究計畫的性質、風險、益處和替代方案的詳細說明之後，表達同意的一份聲明。

生前遺囑 Living Will

生前遺囑，是表達個人對於未來醫療照護期望的文件，可能包括希望不要使用維生或侵入性治療措施，以及拒絕人工餵食與補充營養。這可以和永久醫療授權書分開，也可以整合在一起。不同州有不同的格式與規定，當你計畫要搬到另一州時，應該查清楚正確的資訊。此外，應定期審查這種文件，以確保內容仍符合當事人目前的期望。

長期照護 Long-Term Care

長期照護，是指為幫助個人能盡量過正常生活的必要持續性醫療照護與個人照護服務。許多人把長期照護和「安養院」畫上等號，但是，長期照護包括安養院照護，也包括協助性照護，與各種不同的居家照護及社區型照護。每一位老人家需要的照護形式、期間都不同，個人的需求也可能隨著時間而改變。不論年紀，任何生病與失能的人可能都需要長期照護服務，而其中最大宗的服務對象是衰弱的老人。

長期照護保險 Long-Term Care Insurance

長期照護保險和其他醫療保險與人壽保險都不一樣。當你需要長期照護時，長期照護保險便能提供保障。一般而言，這些私人保單是補償性保險，針對被保險人接受的照護服務支付限定的金額，而且只給付限定的時間，比方說，每天一百美元，最多支付五年。不同的長期照護保單，提供的福利與設定的保費也不同，通常，你在越年輕時購買保險，保費就越低。長期照護保險不見得適合每個人，但應該把這種保險納入整體財務規劃流程中。

回顧期 Look Back Period

在申請州政府醫療保險補助時，州政府醫療保險處會要求申請人提供五年的財務資料，以判定申請人在這段期間有沒有出售或致贈任何資產，這段期間稱為「回顧期」。如果州政府醫療保險處找到在這段期間有發生任何不容許的資產移轉，就會將適用州政府醫療保險資格的時間往後延。聯邦政府在二〇〇六年時立法延長了回顧期。有鑑於聯邦政府與州政府都在精簡成本，再加上可能會有其他變數，在開始申請州政府醫療保險時先取得準確、最新的資訊，非常重要。

州政府醫療保險 Medicaid

州政府醫療保險成立於一九六五年，由聯邦政府與各州政府共同出資。州政府醫療保險的對象是窮人，是一套社會安全網方案，支持醫療與長期照護服務等基礎建設，讓每個人都能享受。在州政府醫療保險之下，低收入且低資產家庭中的老人、失能者及小孩，一定可以獲得醫療與安養院照護。

要合乎州政府醫療保險的資格，需要通過「經濟狀況調查」（means test），也就是說，除了醫療需求之外，申請人還必須要符合收入與資產標準。各州的方案差異很大。在州政府醫療保險的老人照護資金中，有四分之三都花在機構照護上，但這套保險制度也包含老年人的居家照護與社區式照護，例如在家照護與成人日間照護方案（adult day health-care program），這些都是除了安養院照護之外的選擇。整體來說，安養院照護費用中，有百分之四十七的支付來源是州政府醫療保險。以老年人來說，除了聯邦政府醫療保險之外，也可享有州政府醫療保險福利。

至於資格問題，相關資訊請聯絡長輩居住地的當地長者服務辦公室或人力服務部（Department of Human Services）。你可以試著從美國退休人員協會（American Association of Retired Person，簡稱AARP）網站上取得一些一般資訊，http://www.aarp.org/health/

medicare-insurance/。

聯邦政府醫療保險 Medicare

聯邦政府醫療保險是由美國聯邦政府資助的醫療保險，對象為六十五歲或以上、且有資格申請社會安全退休福利的美國人，以及六十五歲以下、但失能或患有末期腎臟病的美國人。住院福利（A部分）免費提供給所有合乎資格的人，醫療照護福利（B部分）則為選項，如要購買每月必須支付保費。D部分的保險範圍為處方藥品，是二〇〇六年新增的項目，同樣也是選項，必須另外申請與每月支付保費。聯邦政府醫療保險涵蓋了絕大部分，但還是有些不足之處。這些落差，比方說自付額與部分負擔，可以透過聯邦政府醫療保險輔助計畫補足。落差金額最重大的其中一項方案，是長期安養院照護。聯邦政府醫療保險只給付非常短期的安養，至少要住院三天，而且還要滿足其他標準。聯邦政府醫療保險輔助計畫涵蓋的長期安養照護，並不多過聯邦政府醫療保險。www.medicare.gov 網站上可取得聯邦政府醫療保險的相關資訊。

聯邦政府醫療保險輔助計畫 Medigap Insurance

聯邦政府醫療保險的被保險人可以向私人保險公司加購補充性的保單（聯邦政府醫療保險輔助計畫），以彌補聯邦政府醫療保險的缺口，例如自付額及部分負擔。這類保單內容各異，也必須另外支付保費才能購得這類保險，但只要有支付保費，保證可以續約。聯邦政府醫療保險輔助計畫的保單是制式的，必須遵循聯邦以及各州的法律。購買聯邦政府醫療保險輔助計畫的前提，是你必須先在原始的聯邦政府醫療保險當中加入了A部分與B部分。

安養院 Nursing Homes

安養院提供醫療照護、安養照護、監護與個人照護，對象一般是罹患多種慢性疾病及日常生活活動能力受損的人，以及無法在家照顧自己或不能留在家中的個人。安養院的住客約有百分之十年齡不到六十五歲。至於那些年齡高於六十五歲者，大部分已經超過八十歲。安養院裏的住客多數有認知方面的問題。

喘息照護 Respite

喘息，基本的意義是要讓照護者能休息一下。透過將受照護者暫時安置在安養院或協助性照護機構，或聘用暫時性的全時照護人員，照護者可以喘口氣放下照護責任，或許去度個假、從事家庭慶祝活動、處理家庭緊急狀況、接受非急性手術，或就只是放個假休息。老人家可以去成人日間照護中心參加日間照護方案，那裏可提供社交、餐飲、活動、用藥管理與交通，能讓照護者休息一下，特別是還在工作的照護者。

房屋淨值轉換抵押貸款 Reverse Mortgage

房屋淨值轉換抵押貸款是一種貸款，六十二歲以上的人才能申請，這種貸款讓老人家能夠以房屋的權益來借貸。房屋淨值轉換抵押貸款很特別，因為借款人無須每月還款，反之，在借款人遷居、出售房屋或死亡之前，都不需要償付本金與利息。房屋淨值轉換抵押貸款不見得適合每個人，但總是一種輔助性的退休後收入來源。

耗盡 Spend Down

雖然每一州的州政府醫療保險方案設定的財力資格標準不同，但所有方案都一定會訂出收入與資產限制。在申請過程中，最困難的是要符合財產限制這個部分。如果你擁有的資產高於上限，你必須移轉或重整資產，而且是在你需要用到州政府醫療保險之前，就要妥善處理。否則的話，你就必須耗盡（**spend down**）存款和資產，一直到你所居住的州許可的限額以下。某些資產可不計入限額，例如家用品、汽車一輛、墓地與小額喪葬基金，以及極有限的資金，但各州仍有不同的規定。在大部分的州，如果配偶或受撫養人仍住在裏面，主要居所也無須計入；但是，有些州會針對房產設定抵押權。你要知道，由於政府正在設法刪減已經很緊縮的預算，州政府醫療保險一直面臨著改變的風險。因此，明智的做法是先和親屬所在區域的專家會商，以了解最新的規定。

表格索引

專有名詞譯名對照

（按：以中文筆畫順序由少至多排列）

三明治世代（sandwich generation）
不施行心肺復甦術（do not resuscitate，DNR）
仍有活力的壽命（active life span）
分離焦慮（separation anxiety）
日常生活活動（activities of daily living）
巨災保險（catastrophic insurance）
永久醫療授權書（Durable Power of Attorney）
生前遺囑（Living Will）
皮克氏病（Pick’s disease）
共有式住宅（shared housing）

回顧期（look back period）

多次腦梗塞性失智症（multi-infarct dementia）

安寧照護（comfort care）

年度自付額（annual deductible）

老人住宅（senior housing）

老人歧視（ageism）

住宅式照護機構（residential care facility）

房屋淨值轉換抵押貸款（reserve mortgage）

房屋權益貸款（home equity loan）

長者全包式照護方案（program of all-inclusive care for the elderly，PACE）

長者服務機構（Area Agency on Aging）

長者服務辦公室（Office for the Aging）

持續式照護退休人士社區（continuing care retirement community）

看管式照護、監護式照護（custodial care）

耐久醫療設備（durable medical equipment，DME）

個人緊急應答系統（personal emergency response system）

庫賈氏病（Creutzfeldt-Jakob disease）

耗盡（spend down）

送餐服務（meal on wheels）

高齡爆炸（aging explosion）

假性失智（pseudodementia）即血管型失智症（vascular dementia）

寄宿之家（boarding home）

常壓性水腦症（normal pressure hydrocephalus，CPH）

接管（conservatorship）

部份負擔（copayment）

善終關懷（hospice）

發展任務家庭（developmental task family）

超級人瑞（supercentenarian）

集合住宅（congregate housing）

照護生涯（caregiving career）

經濟狀況調查（means test）
路易氏體症（Lewy Body Disease）
電療（electroconvulsive therapy，ECT）
團體家屋（group home）
監護（guardianship）
管理醫護保險方案（managed care plan）
緩和醫療（palliative care）
臨床憂鬱症（clinical depression）
譫妄（delirium）

國家圖書館出版品預行編目資料

父母老了，我也老了：悉心看顧、適度喘息，關懷爸媽的全方位照護指南／米利安・阿蘭森（Miriam K. Aronson）、瑪賽拉・巴克・維納（Marcella Bakur Weiner）著；吳書榆譯. -- 二版. -- 臺北市：經濟新潮社出版：家庭傳媒城邦分公司發行, 2020.05

面；　公分. --（自由學習；28）

譯自：Aging Parents, Aging Children: How to Stay Sane and Survive

ISBN 978-986-986-8051（平裝）

1. 老人養護　2. 父母　3. 照顧者

544.85　　103000198